FERRET 1981

Isabelle FEBVAY

La Défense de Besançon

JOURNAL D'UNE AMBULANCIÈRE

Préface du général HARDY DE PÉRINI

Le GÉNÉRAL ROLLAND, capitaine de vaisseau, commandant la place de Besançon.

A. CHALLAMEL
Éditeur. - Paris

La

Défense de Besançon

ISABELLE FEBVAY

La Défense de Besançon

JOURNAL D'UNE AMBULANCIÈRE

1870-1871

Préface du Général HARDY DE PERINI

PARIS

AUGUSTIN CHALLAMEL, Éditeur

Rue Jacob, 17

Librairie maritime et coloniale.

1912

AVANT-PROPOS

Ces notes prises pendant l'année terrible étaient destinées à mes enfants. Elles n'ont de valeur que par leur sincérité.

Commencées le jour de la proclamation de la République, elles s'arrêtent à la fin de mars 1871.

A nos blessés, à nos morts de l'armée de l'Est j'ai voulu apporter, moi qui ai vécu de leur vie et souffert de leurs souffrances, le souvenir attendri, la gerbe de fleurs de deuil que toute Française doit à ceux qui, fidèles au devoir, à la patrie, sont tombés, face à l'ennemi.

Pauvres enfants venus de toutes les contrées de la France et des confins du désert africain pour tenter l'effort suprême !

A eux est revenu l'honneur de soutenir les derniers combats, et ils avaient le droit d'écrire avec leur sang dans les neiges de Villersexel, d'Héricourt, de Cussey, la fière devise de la vieille Comté :

> Rends-toi, Comtois.
> Nenni, ma foi !

I. Febvay.

PRÉFACE

Cette ambulancière, je l'ai connue sous-préfète du Havre. Elle avait trente ans, elle en paraissait vingt, et quand, en 1875, elle fit une apparition triomphale sur la plage de Frascati, on avait peine à croire que les trois beaux enfants qui l'accompagnaient étaient les *petits sous-préfets*.

Les élégantes et les jolies femmes, — elles ont toujours été nombreuses au Havre, — durent reconnaître qu'elles avaient une reine. Mais cette reine était si gracieuse, si avenante, qu'elle sut bientôt se faire pardonner sa beauté et son charme.

« *Mme Febvay est si bonne !* » disait-on dans toute la ville.

C'est que la bonté est la caractéristique de cette femme d'élite. Pendant l'année terrible, elle l'a prouvé à Besançon, où son mari était secrétaire général de la préfecture. Gambetta, en descendant de ballon pour défendre la Franche-Comté, avait vu Mme Febvay organiser les ambulances, se prodiguer, jour et nuit, au chevet des amputés et des typhiques.

Après l'armistice, il avait décoré le mari pour le récompenser de dix mois d'efforts, de travail incessant, d'intelligence féconde, consacrés à la création du camp retranché et à la formation de l'armée de l'Est; mais il n'avait pas oublié l'ambulancière, et cette croix, c'était la croix du ménage.

Mme Febvay, dans sa modestie sincère, dans sa conscience du devoir simplement accompli, ne songea même pas à réclamer sa petite part de ruban rouge. Depuis trente-sept ans, cette injustice n'a pas encore été réparée.

Je commandais la brigade de Constantine, quand le lieutenant André Febvay, l'aîné des *petits sous-préfets* de Frascati, se présenta à moi. Il était, sur sa demande, attaché aux bureaux arabes de la province et y déployait les qualités familiales d'intrépidité et de patriotisme.

Sa chère maman passa la mer à son tour, et j'eus un grand plaisir à recevoir sa visite.

Le lieutenant, devenu capitaine et décoré, est aujourd'hui un des officiers de ma division. Sa mère vient souvent de Paris passer avec lui une semaine ou deux, ce qui nous permet de réveiller les souvenirs d'antan.

« *Comment, chère madame,* lui demandai-je à son dernier voyage au Mans, *n'avez-vous pas, depuis que vous êtes veuve et seule, songé à rédiger les impressions de votre vie administrative ?*

— *C'est fait,* me répondit-elle, *et, si je l'osais, je vous apporterais le journal d'une ambulancière, écrit au jour le jour pendant les dix mois d'angoisse de mon séjour à Besançon.*

— *Osez, madame, je vous en prie !* »

Et j'ai lu ce que vous allez lire, chers lecteurs.

Qu'il est simple, sincère, empoignant, ce récit ! Ne trouvez-vous pas, comme moi, que c'était un devoir de le livrer au public, pour donner aux bons Français la joie et l'orgueil de retrouver dans la France envahie, pillée, saccagée de 1870-71, les aïeules et les mères de ces nobles femmes, de ces vaillantes filles qui, à quelque Croix-Rouge qu'elles appartiennent, forcent de nos jours l'admiration du monde entier?

Spontanément, sans qu'aucun devoir les y obligeât, n'écoutant que leur cœur, le meilleur des conseillers, elles ont renoncé à la vie mondaine, elles ont franchi la Méditerranée pour s'installer au chevet des blessés et des malades du Maroc et du sud oranais.

Aux désespérés qui voient la mort venir, elles ont apporté l'illusion de la famille, de *l'aimée* lointaine.

C'est une femme!
C'est de la joie et du soleil!

A Sainte-Hélène, pendant sa longue agonie, Napoléon éprouvait moins de plaisir à se voir entouré de ses compagnons de guerre, qui lui parlaient de ses exploits, que de leurs nobles compagnes, qui lui parlaient de son fils.

Nos soldats d'Algérie voient des mains aristocratiques se poser sur les plaies les plus répugnantes, les fermer, les guérir. Les descendantes et les imitatrices des ambulancières de l'année terrible ont renouvelé les exploits de Besançon.

Sous le brûlant soleil d'Afrique, elles entendent, devant les fenêtres de leurs salles de garde, le clairon des zouaves, le tambour des tirailleurs et la trompette des *Chass' d'Aff*.

Ces ambulancières continueront, jusqu'à la fin de l'expédition, leur sacerdoce volontaire. Mais ce sont des victorieux qu'elles soignent et qu'elles ont souvent la joie de sauver. Qu'elles songent à la détresse, au long martyrologe des ambulancières d'antan, qui, comme Mme Febvay et ses émules de Besançon, ne disputaient à la mort que de glorieux vaincus, désespérant du salut de la Patrie !

Général Hardy de Perini.

Le Mans, 1er juin 1908.

La Défense de Besançon

JOURNAL D'UNE AMBULANCIÈRE

1870-1871

CHAPITRE I

Besançon. — La proclamation de la République. — Aspect de la ville. — Ce qui se passait à la préfecture. — Gambetta. — Garibaldi. — Armée des Vosges. — Combat de Burgonce.

Besançon, le 4 septembre 1870.

Quelle angoisse nous étreint tous! Chacun accourt place de la Préfecture pour lire les dépêches de provenance suisse et annonçant la proclamation de la République à Paris!

Le silence du Gouvernement avait déjà augmenté l'anxiété des esprits depuis la veille.

Sedan ! ce Waterloo plus terrible peut-être que le premier, bien qu'il vienne nous frapper au début de la guerre et que la France ne soit pas épuisée comme en 1815.

La cour de l'hôtel préfectoral se remplit peu à peu ; les figures sont sinistres, chacun s'aborde en se demandant si les désastres sont tels qu'on les annonce.

Quelques hauts fonctionnaires se risquent à entrer dans un des salons où se tiennent le préfet, baron de Farincourt, et sa femme. Ils sont entourés de quelques intimes silencieux, groupés, serrant les rangs en quelque sorte, comme mus par la crainte.

2 heures du matin.

La République vient d'être proclamée, plus de doute !

Une dépêche du ministre de l'Intérieur, Henri Chevreau, annonce, en termes laconiques d'abord, emphatiques ensuite, le changement de gouvernement.

Sur la place Saint-Pierre, on brise le buste de l'empereur et on entonne la *Marseillaise*. Beaucoup de curieux se font sur l'heure républicains. Ils ont même l'air d'avoir instantanément oublié nos désastres.

Beaucoup de gens, de fonctionnaires, semblent heureux ; on pourrait croire que nous avons remporté une éclatante victoire et que la France est sauvée !

A les entendre, nos malheurs vont finir parce que c'est à l'Empire et non au pays que les Allemands font la guerre.

Dans les rues on se promène, on s'aborde avec un air satisfait.

« Nous allons en finir vite, disent ces optimistes, et nous sauverons nos provinces ! »

On ignore tout de Sedan, on ne comprend pas cette capitulation et comment toute une armée a pu en être réduite à cette extrémité.

Des bureaux d'enrôlement ont été ouverts dès hier à Besançon ; on comptait sur des engagements nombreux, et on voulait opposer à l'envahisseur des levées en masse.

Personne ne vint s'inscrire. On espérait un élan de patriotisme et la même ardeur qui s'était produite en 1792. Mais l'esprit militaire n'est plus le même ; le bien-être des ouvriers a affaibli les sentiments guerriers. Chacun songe à ses habitudes et n'entend pas changer d'existence.

10 septembre.

M. Ordinaire, docteur en médecine, Franc-Comtois d'origine, est nommé préfet du Doubs. Il avait été élu député à la fin de l'Empire et alors que déjà les candidatures officielles faisaient surgir, par amour de l'opposition, des hommes effacés et sans valeur, nullement préparés aux luttes de la tribune.

M. Ordinaire était de ceux-là : d'un caractère doux et bon, simple et sans ambition, il ne s'était laissé porter que pour complaire à son parti et surtout à sa femme, « Mme Zoé, » assez bonne personne, elle aussi, mais républicaine moins calme que son mari.

Ils avaient deux fils, dont un eut le don de m'inspirer une certaine sympathie par l'émotion qu'il ressentit, sans vouloir en rien faire paraître, lorsque, pour la première fois, il vint visiter une ambulance où cinquante malheureux agonisaient. Il me vint en aide pour soutenir un moribond effroyablement blessé, hurlant de douleur en appelant : « Maman ! maman ! » Mais j'anticipe en ce moment, car ce fait se passait après le combat de Villersexel.

On parle de l'organisation de corps francs, d'agents forestiers devant former ensemble un organe de renseignements aboutissant à Besançon.

On attendait beaucoup de ces sortes d'éclaireurs, rayonnant à vingt kilomètres de la ville.

21 septembre.

Très occupée de l'organisation des ambulances et véritablement absorbée par les recrues à faire parmi les femmes du monde, les quêtes aux domiciles non fermés encore, — car beaucoup préparent un départ pour la Suisse ou l'Italie, — j'ai laissé passer plusieurs jours sans écrire.

Les journées si sombres, si douloureuses, se déroulent pourtant suivant les lois immuables de la vie. Mais combien sont angoissantes les heures du soir ! surtout alors qu'on espère et qu'on craint les nouvelles.

Dès l'aube et jusqu'au soir on se rassemble, en énumérant tout ce qui reste à faire pour être prêts en cas de combat inopiné dans la région, ou plutôt en attendant l'évacuation sur Besançon des malades et des blessés devant nous arriver.

Dans la grande salle du conseil général, sur d'immenses tables servant d'ordinaire aux dîners officiels, s'empilent le linge, les flanelles, les bandages et autres objets de pansement. Puis, entassés par terre, des monceaux de vêtements, cache-nez, passe-montagnes, tabac, cigares, provisions, le tout devant distraire les malheureux que nous attendons, nous faisant une joie de leur donner quelques douceurs après les durs jours passés en grand'gardes ou sur les champs de bataille.

Chacùn rivalise d'entrain ou d'ingéniosité ; la pensée d'alléger les souffrances est innée au cœur de la femme. Elles sont là environ cinquante, travaillant sans relâche.

22 septembre.

Ce matin, le vénéré cardinal Mathieu, archevêque de Besançon, vint nous visiter toutes. Pour chacune il eut un mot, un regard d'encouragement et d'espérance.

Après ces journées remplies par nos occupations, non seulement à la préfecture, mais aussi dans les locaux loués ou prêtés devant servir d'ambulances, nous rentrons heureuses de ces heures employées utilement. Nous échappons ainsi aux préoccupations que cause l'idée fixe de nos désastres.

Nous attendons des blessés, des fiévreux. Ceux atteints de variole ou de typhus devront être isolés des opérés. C'est une complication. Que de précautions à prendre et à quelles combinaisons savantes nous nous livrons pour faire toute chose au mieux !

Nous avons pourtant la meilleure part, et je plains beaucoup les trembleurs, les inactifs pendant ces mois de deuil. Il est vrai qu'ils nous dédommagent par leurs dons de ce que nous refusent leurs personnes. Chacun a donc sa part de mérite dans notre organisation.

Les timorés nous embarrasseraient fort ; ils restent chez eux, se montrent généreux. Que peut-on leur demander de plus ?

26 septembre.

Au début, nous avions toutes l'illusion de croire que, n'étant pas des gardes-malades d'opéra-comique, nous serions affectées très sérieusement à un service de correspondantes, pour ceux qui voudraient, ne le pouvant faire eux-mêmes, envoyer des lettres à leurs familles. Nous voulions être des consolatrices, leur distribuant du tabac, quelques verres des vins généreux que les dons de chaque jour accumulaient dans les caves ; nous nous réjouissions de les gâter ! Nous pensions que les vrais soins, les pansements, seraient faits par des internes, des sœurs, des infirmiers.

Nous n'imaginions pas ce qu'est la guerre, quelles horreurs elle nous réservait et quelle nécessité s'imposerait de nous transformer, sur l'heure, en aides pour les amputations, les désarticulations et autres effroyables choses.

29 septembre.

De son côté, et pendant que nous préparons nos ambulances, la préfète, Mme Zoé Ordinaire, s'occupe de l'équipement des mobiles. Les caisses d'uniformes et de clairons encombrent les hangars et les salles de la préfecture.

Le préfet, lui, avec un zèle louable et un vrai patriotisme, s'occupe, de concert avec les députés, à prendre des mesures nécessaires en vue d'arrêter l'invasion. Sollicitant des offrandes dans toutes les communes de son département pour acheter des armes, des équipements, il paye de sa personne en se faisant l'apôtre dans cette œuvre du salut de la patrie.

Malheureusement tout manque : l'argent, les armes, les munitions. Dans les arsenaux de Metz et de Strasbourg, tout est entassé. Et ailleurs ? Rien,... rien !

1er octobre.

Toujours les dépêches de source suisse! Le bruit se répand que Strasbourg, la cité glorieuse, aurait capitulé.

Déjà les jours précédents le bruit s'en était répandu, et cette nouvelle nous avait très douloureusement émus. Serait-ce vrai aujourd'hui? Nous voudrions pouvoir douter encore.

2 octobre.

Hélas! c'est vrai. Strasbourg est occupé par les Prussiens, et la route de Belfort à Besançon se trouve ainsi ouverte à l'ennemi. On dit que plus de dix mille hommes seraient prisonniers de guerre! la ville brûlée, saccagée par le bombardement, un amas de pierres et de cendres!

3 octobre.

Ici la ville prend de plus en plus un aspect exclusivement militaire. Et pourtant, plus de soldats: c'est la garde nationale qui fait le service de place.

Toutes les classes se confondent. Les hommes du monde comme les ouvriers ne circulent qu'en tenue, et portent alternativement sur l'épaule le fusil ou la pioche, selon qu'ils se dirigent vers les remparts ou vers les forts détachés pour y exécuter des terrassements.

Des forts ou fortins s'élèvent de tous les côtés; mais il nous faudrait plus de cinquante mille hommes pour défendre la ville, et nous n'avons que les habitants, quelques milliers à peine, pour occuper tous les forts!

Chacun se préoccupe déjà des provisions à faire en vue d'un siège probable et prochain.

Tandis que les voies sont encore libres, on se fait apporter des volailles de la campagne, et les jolis jardins, les pelouses anglaises des hôtels élégants sont transformés en basses-cours.

On entasse des sacs de riz, de farine, de légumes secs, des boîtes de conserves, du lait concentré, même des provisions d'allumettes. Ne faut-il pas prévoir le cas où, enfermés dans notre ville, séparés de tous les autres points, nous devrons vivre avec nos provisions? On commence à se priver un peu pour s'entraîner, on s'accorde tout juste le nécessaire.

4 octobre.

Aussi quel étonnement ce matin, dès l'aube, pour les habitants du quartier de la Préfecture !

Mais qu'est-ce donc que ces allées et venues de marmitons portant, à bras ou sur leurs têtes, des victuailles fumantes, des chargements de brioches, de mystérieux plats couverts?... Serait-ce un festin préfectoral précédant l'annonce d'une victoire? Comment peut-on, à sept heures du matin, et comme suite aux lugubres nouvelles d'hier, préparer des agapes officielles?

Puis ce cordon d'hommes silencieux cernant la préfecture, rasant les murs des trois côtés principaux de l'édifice de façon à échapper aux regards?

De quoi s'agissait-il?

Or voici ce qui se passait à l'intérieur de la préfecture, pendant que les voisins, inquiets et surpris, se posaient mille questions.

Depuis deux jours, on parlait vaguement d'un personnage débarqué, tombé plutôt à Besançon, d'un ballon *Ville-de-Florence*, parti de Paris.

Cet homme mystérieux était un citoyen nommé Lutz, homme vigoureux, âgé de quarante-cinq ans environ. Figure énergique et dure, se disant porteur de pleins pouvoirs, commissaire extraordinaire de la République française, délégué de la Défense nationale et s'installant en maître dans la préfecture.

« *Je suis ici*, disait-il, *pour organiser la défense comme je l'entends. Je fais ou je défais les préfets ou les généraux; je suis le grand maître des trois départements de la Franche-Comté.* »

Et là-dessus, se posant en demi-dieu, se faisant servir, tout en déclarant que tout était mal et mauvais, manifestant des exigences sans nom.

Il lança des proclamations, fit installer plusieurs guérites tricolores aux différentes portes de la préfecture, y plaça des factionnaires pris dans le seul corps qui nous restait : la garde nationale.

Dans sa première proclamation il racontait son voyage aérien, les difficultés qu'il avait eues à sortir de Paris défendu par quatre cent mille mobiles...

Dans la deuxième proclamation il disait :

« *Comtois, le découragement s'est emparé des Prussiens; les lettres que nous avons trouvées sur leurs morts le prouvent; elles prouvent surtout que les vrais ennemis des soldats sont le Bonaparte tombé dans la fange. Vous ferez votre devoir comme vos ancêtres l'ont fait en 1815.* »

Il fit viser par le préfet ces proclamations, et il se

vit entouré, presque déjà populaire; il avait des admirateurs! Beaucoup, dans leur détresse, disaient déjà que c'était peut-être celui qui devait nous délivrer : *le Sauveur*.

Mais le préfet, l'air débonnaire et crédule, laissait faire, tout en commençant à douter de l'étendue des pouvoirs du grand homme.

A la suite de conférences secrètes avec le commandant de la citadelle (les préliminaires des mesures qu'on prenait alors étaient sommaires, en raison des circonstances), il fut résolu que la matinée du 4 octobre serait la fin de la comédie.

Lutz avait annoncé que, de très bonne heure, il irait visiter les postes, parcourir la ville, inspecter les forts, etc. Le festin avait été organisé très malicieusement par le préfet pour gagner du temps, durant lequel on cernait petit à petit toutes les entrées; les mets exquis et nombreux se succédaient à la joie du personnage, qui trouvait qu'on commençait à le traiter comme il entendait l'être.

Enfin il sortit, ou plutôt voulut sortir, et pour la première fois, l'estomac satisfait, il daigna distribuer des poignées de main à l'entourage, voire même des remerciements; mais lorsqu'il voulut descendre le grand escalier d'honneur, il fut appréhendé, se défendit, cherchant à fuir par une autre sortie. Mais celle-ci était également gardée.

Enfin, se voyant cerné, bloqué de toutes parts, il comprit que son rôle était fini.

On l'emmena prisonnier à la citadelle, où il resta plusieurs mois.

Cet inconnu était, dit-on, un ténor de province ayant subi plusieurs condamnations infamantes.

Plus tard il prit une part active aux événements de la Commune, passa devant le troisième conseil de guerre à Versailles et fut condamné aux travaux forcés à perpétuité pour usurpation de fonctions publiques, excitation à la guerre civile et complicité dans les incendies de Paris.

Son passage de trois jours à Besançon et le rôle qu'il voulut y jouer furent une note gaie dans ces jours sombres.

12 octobre.

On nous dit que Gambetta est arrivé à Tours; c'est un orateur, un homme d'action, un républicain sincère. Peut-être va-t-il imprimer plus d'activité au gouvernement de Tours ? Il s'agit d'organiser des armées et de les faire mouvoir. Mais l'invasion fait chaque jour de nouveaux progrès. Il faut se hâter, il faut agir, il nous faudrait un grand général. Si la guerre devait durer longtemps, il en surgirait sans doute; mais il le faudrait de suite.

15 octobre.

Garibaldi vient d'arriver pour lutter, dit-il, de concert avec les républicains et chasser l'ennemi de la France, qu'il aime comme sa patrie. Accueilli diversement : avec enthousiasme par quelques-uns, qui poussaient le fanatisme jusqu'à toucher comme chose sainte un pan de son costume, ne voulant voir en lui que l'apôtre de la fraternité.

D'autres, au contraire, trouvaient humiliant pour la France de voir cet étranger, l'ennemi du Pape et des prêtres, personnifiant la révolution avec tous ses excès, venir commander à des Français, lui, Italien et soldat de Mentana.

Beaucoup aussi l'accueillirent avec indifférence. Ils voyaient surtout en lui l'homme d'un parti plutôt que l'homme de guerre.

Que dire de ses soldats? Aucune discipline, pillant à droite et à gauche, s'installant en maîtres dans les dépendances de l'hôtel préfectoral, et, au risque de l'incendier, faisant des feux improvisés dans tous les coins. Ce n'est pas tout encore. Les habitants de la ville et des communes environnantes avaient adressé au préfet quantité de provisions destinées aux blessés : vin, farine, légumes secs, volailles, même deux vaches. Les garibaldiens s'emparèrent de tout cela, firent bombance et se grisèrent outrageusement.

Sur ces entrefaites, le général Cambriels fut nommé au commandement supérieur régional de l'Est, avec mission d'organiser un corps d'armée pour arrêter l'ennemi prêt à franchir les Vosges.

Un combat fut livré à la Burgonce le 16 octobre, et arrêta un instant les colonnes allemandes.

Cette armée, organisée en hâte par Cambriels, ne comptait guère que des malades des départements du Midi, lesquels, mal équipés et à demi habillés, ne purent résister longtemps à l'ennemi supérieur en nombre.

C'est alors que, craignant d'être tourné, le corps de Cambriels se replia sur Besançon, ramenant déjà de nombreux malades et blessés... fort peu intéressants pour la plupart. J'en puis parler en connaissance de cause, en ayant recueilli plusieurs que j'ai soignés et interrogés. Leur patriotisme était nul déjà à ce moment, et pourtant ils avaient peu souffert au point de vue matériel, et l'espérance était encore au cœur de tous. Il semblait que, loin d'avoir pour unique préoccupation leur bien-être, ils dussent se sentir un ressort, un élan que je ne vis dans aucun d'eux. Leurs officiers, eux aussi, cherchaient en ville des *distractions,* alors que leurs hommes étaient cantonnés dans la banlieue. A Saint-Claude notamment, où je suis allée plusieurs fois, j'en revenais affligée par ce que j'avais constaté. Tout cela nous donnait une impression de très pénible tristesse, surtout quand nous entendions les soldats accuser leurs chefs d'incapacité et de trahison.

C'était le cri sans cesse répété.

Tout en soignant officiers et soldats dans les ambulances, tout en leur donnant le nécessaire et au delà, je ne me sentais pas prise de tendresse ni même de compassion. Souvent je le leur disais, espérant réveiller en eux les sentiments de patriotisme que j'eusse voulu leur voir. Lorsqu'ils me sollicitaient de leur obtenir des congés de convalescence, je leur répondais qu'une fois remis sur pied, ils devaient avant tout rejoindre leurs corps pour continuer à se battre. Je me rappelle, entre autres, un fantassin venu je ne sais d'où, très mou, très lâche devant la souffrance et ayant dû être lâche aussi devant l'ennemi. Quand je dis devant l'ennemi, c'est un euphémisme, car il avait reçu une balle morte au bas des reins. Je lui fis avouer qu'il avait fui et escaladé un mur de cimetière, à l'abri duquel il était resté douze heures, faisant le mort. Une balle égarée et peu meurtrière était venue le toucher à peine !

Après l'avoir nettoyé, pansé et bien nourri, je l'obligeai à retourner à son corps, que je savais cantonné à vingt-cinq kilomètres de Besançon. Il recommença sans doute ses brillants exploits; car, un mois après, il m'écrivait ceci de l'armée du Nord :

« *Ma bonne dame,*

« *Protégez-moi et recommandez-moi aux chefs; je vais passer en conseil de guerre, et si je suis condamné à mort, ce sera bien malheureux pour moi.* »

J'ai lieu de croire que ce malheur lui est arrivé, car jamais plus je n'en ai entendu parler.

Cela a fait un mauvais soldat de moins.

Mais que de courages obscurs on pouvait opposer à ces nombreuses défaillances ! J'ai vu des malheureux zouaves et tirailleurs qui étaient arrivés d'Algérie au début de la guerre, en plein été par conséquent, vêtus de toile et n'ayant rien de plus en janvier, alors que le thermomètre descendait à 22 degrés de froid dans la ville et 24 autour de Besançon, où on les mettait de grand' garde!

Pas une plainte ne leur échappait. Un silence morne, la résignation de bons chrétiens dans ces âmes de musulmans!

J'en ai vu plus de mille cinq cents qui avaient les membres gelés, boursouflés comme des baudruches, et pourtant, craignant d'être traités de lâches, ils refusaient de se laisser enlever dans les voitures réquisitionnées pour les transporter dans les ambulances. Ils restaient sur place, silencieux. Quelques heures après je revenais leur apportant des arrosoirs (c'étaient mes meilleurs récipients) pleins de boissons chaudes. Hélas! la plupart avaient expiré pendant ce temps très court. Il fallait alors enjamber ces cadavres amoncelés, pour aller à ceux qui respiraient encore!

CHAPITRE II

Arrivée de Gambetta à la préfecture; son court séjour à Besançon. — Préparatifs du siège. — Approche de l'armée allemande. — Combat de Châtillon-le-Duc, de Cussey-sur-l'Ognon. — Arrivée des premiers convois de blessés. — L'ennemi s'éloigne. — Otages. — La reddition de Metz.

16 octobre.

Plusieurs énergumènes de Lyon et du Midi sont arrivés pour renforcer le parti radical de Besançon. Ils ont essayé de terroriser ceux qui voulaient bien les écouter. En somme, et malgré leurs menaces et les grands fantômes dont ils jouaient dans les réunions publiques, leur succès a été médiocre.

Chaque jour apporte son fait nouveau.

18 octobre.

Ce matin, Gambetta est arrivé. La garde nationale et les francs-tireurs, seuls corps de troupe qui restent dans nos murs, lui faisaient escorte et l'ont accompagné jusqu'à la préfecture. Là on l'installa dans la chambre d'honneur, en damas bleu pâle, aux armes impériales. Mais, tout préoccupé de la mission d'apaisement qu'il venait remplir, très désireux de faire vite et bien, c'est-à-dire de mettre d'accord les deux autorités rivales, le préfet et le commissaire à la Défense nationale, Albert Grévy, il fit peu de cas des détails de luxe dont on voulait entourer sa personne.

On voyait qu'une seule chose le préoccupait, qu'il voulait trancher au mieux ces difficultés, qui lui semblaient puériles en présence des grands événements que nous traversions.

Avec une finesse de touche que chacun a fort appréciée, Gambetta a terminé le différend en s'occupant surtout de l'organisation de l'armée de l'Est.

Cette armée est restée devant Besançon.

19 octobre.

L'armée de Cambriels commence à être reposée, elle se reconstitue. Le soleil d'automne éclaire les exercices des compagnies qu'on se hâte d'instruire.

21 octobre.

Gambetta part ce soir. Il avait demandé à s'entretenir avec le général Thorton ; on crut avoir mal compris son ordre, et on voulut faire venir le général Bordone, aide de camp de Garibaldi; mais alors et d'une voix retentissante Gambetta s'écria :

« *J'en ai assez de vos Italiens! c'est Thorton que je veux voir.* »

Le général Thorton est un excellent général de cavalerie, dont on vante l'énergie et le talent.

Cambriels, blessé grièvement à la tête dans le combat de la Burgonce, affaibli et très affecté de la retraite, qui déjà ressemblait à la déroute, perd son prestige et même ses facultés, dit-on. On lui reproche d'avoir séparé son armée du reste de la France en faisant retraite sur Besançon.

22 octobre.

On croit que l'ennemi ne nous viendra pas en ce moment; ses colonnes sont en marche vers la Haute-Saône, nous laissant à l'Est. Les Prussiens marchent sur Lyon, dit-on.

Ils se dirigent sur Orléans, pour combiner leurs mouvements avec l'armée qui se trouve près de cette ville.

23 octobre.

Contradiction des dépêches d'hier; l'ennemi serait à nos portes, il marcherait sur Besançon par Rioz. Est-ce bien vrai ?

Épilogue du passage de Gambetta : Grévy, le commissaire de la Défense, a donné sa démission en repoussant toute responsabilité. Et pourtant il a constitué un comité de fantaisie; il en a éloigné le conseil général, qui fournissait les fonds; il s'est agité, a donné des ordres stupides, et finalement reconnaît l'inutilité de ses fonctions.

Petit combat à Rioz entre les gendarmes et quelques uhlans; c'est sans doute ce qui a donné naissance à la nouvelle que les Prussiens nous arrivaient. Ils semblent plutôt marcher sur Vesoul.

Pluie torrentielle ce soir, sous laquelle on monte péniblement à la citadelle les pièces de marine portant à sept kilomètres. Tout se prépare pour le siège. On arrête des voitures vides, on les force à se rendre à la gare et à transporter des caisses d'armes et de biscuits. Des réquisitions sont faites aux propriétaires de chevaux.

Le conseil général a voté un million; il demande au général Cambriels ce dont il manque le plus et quel sera l'emploi le plus utile à faire de cette somme. L'entretien avec Cambriels réduit à néant les accusations d'affaiblissement moral et physique. Chacun maintenant déclare que c'est un vrai soldat, n'ayant point épargné sa vie (sa terrible blessure le prouve) et déployant une énergie qu'on admire. Le million du conseil général va servir à acheter dix mitrailleuses, cent cinquante paires de harnais, des cartouchières, des guêtres, etc.

« *Dans les Vosges,* a-t-il dit, *j'avais une armée sans matériel et sans discipline: je veux reconstituer une armée, gagner les montagnes du Doubs, afin que les Prussiens ne me cernent pas. De cette façon, tout en protégeant Besançon, je conserverai la liberté de mouvements.* »

On dit qu'on se bat à Voray. Déjà, hier, on avait cru percevoir le bruit du canon. Aujourd'hui le doute n'est plus possible. La troupe a pris les armes; elle est échelonnée sur la route de Saint-Claude.

Quelles heures émouvantes! Ces masses d'hommes sont réparties par colonnes et prêtes à marcher au feu. C'est certain, les Allemands s'approchent. Ils ont traversé la rivière l'Ognon et sont au pied des hauteurs de Châtillon-le-Duc: sommes-nous donc en retraite et hors d'état de nous maintenir sur la ligne de coteaux qui bordent la rivière? En présence de l'excellente artillerie de l'ennemi, la nôtre est sans doute insuffisante.

23 octobre.

Hélas ! hier soir, à neuf heures, sont arrivés les premiers blessés sur les voitures réquisitionnées. Plus un seul lit de disponible à l'hôpital. Nous avons été, pour ainsi dire, surprises avec nos manteaux et nos chapeaux sans avoir eu le temps de les enlever. Et c'est ainsi que pendant trente heures nous sommes restées au milieu de mares de sang, de membres épars, de cris déchirants. Mais aussi, que de stoïques soldats, que de résignés, que de reconnaissants, même dans cette bagarre des premiers combats presque sous nos murs : Châtillon-le-Duc, Cussey-sur-l'Ognon, Auxon-dessus !

Plusieurs voitures chargées de blessés sont allées aussi aux portes de quelques couvents demander un gîte provisoire. Tout est encombré partout.

Depuis quelques jours, les dames de la ville préparaient avec un zèle admirable un hôtel particulier appartenant à la famille de Nézay et mis généreusement à notre disposition. Mais nous avons été surprises par ce combat inattendu livré aux portes de la ville, et tout nous manquait pour recevoir un pareil flot de blessés.

Pas un lit monté, pas une lampe, pas un siège ! Des caisses contenant du linge, des ustensiles, des provisions, le tout empilé dans la cour et le jardin, par une nuit obscure et lugubre !

Les voisins apportent des bougies, qu'on plante dans des bouteilles pour éclairer l'arrivée de ces malheureux blessés. On les couche sur les marches des escaliers en attendant des paillasses !

Instantanément, et avec un zèle louable, arrivent les chirurgiens, qui pansent sur place les moins grièvement atteints. Le sang coule d'une marche sur l'autre, et cet escalier n'est plus qu'une cascade de sang où mes pieds clapotent littéralement !

J'aide à tenir ces pauvres gens, ou bien j'éclaire ce triste tableau, pendant que affolées mes compagnes, préparent quelques lits.

Mais le flot des arrivants grossissait, les charrettes et les cacolets formaient une longue file. Plus de place à l'intérieur de l'hôtel. La voûte et le trottoir s'encombraient de plus en plus. Nous sommes restées toute la nuit dans l'état où cet effrayant imprévu nous avait surprises, nos chapeaux sur la tête avec les vêtements que nous n'avions pas eu le temps d'enlever. Le mien, en drap blanc, était tellement couvert de sang, que ma famille, inquiète de mon absence et venant me chercher, me crut grièvement blessée.

Un capitaine, traversé de part en part par une balle ressortie par son ceinturon, poussait des gémissements affreux. Nous l'avions assis sur la première paillasse arrivant enfin! Il était cramponné à une chaise, et une autre chaise lui servait d'appui. C'était le capitaine Joffret, du bataillon des Hautes-Alpes.

Le lendemain, un peu d'ordre commençait à se faire. Les lits occupés, la lingerie installée, et la cuisine permettant d'avoir de l'eau chaude et quelques aliments. Mais déjà des décès, des lits vides à donner aux arrivants.

26 octobre.

La garde nationale est employée à construire des redoutes et à faire des travaux de terrassement aux forts qui dominent la ville.

Nuit du 26 au 27 octobre.

Dépêches contradictoires : les unes prétendent que les francs-tireurs ont fait subir des pertes sérieuses aux Prussiens; ce sont les optimistes. Les autres affirment que nous avons abandonné d'excellentes positions. Ce qui n'est pas douteux, c'est que l'ennemi s'est retiré après avoir coupé les ponts. Les mobiles remplissent les maisons autour du bois d'École et des Trois-Croix. L'artillerie a pris position en arrière des points où elle était hier.

Il est bien vrai que l'ennemi a éprouvé des pertes sérieuses à Châtillon-le-Duc et à Auxon.

27 octobre.

Un mobile des Vosges nous a été amené ce matin, avec un pied presque emporté par un éclat d'obus. Un lambeau de peau le retenait encore ; en ma présence, et sans que je pusse l'en empêcher, il a sorti son couteau de sa poche, a tranché la peau et a rejeté au loin ce pied tout broyé. Le soir même, il fut amputé jusqu'au genou et refusa de se laisser endormir, disant qu'un soldat n'avait pas besoin de ces précautions-là et qu'avec une bonne pipe on ne l'entendrait pas se plaindre. En effet, il fut stoïque. Un mois après, sa blessure prenant mauvaise tournure, on fut obligé de lui amputer la cuisse. La bonne pipe joua encore son rôle, et son courage ne se démentit pas. Il guérit. Je lui fis obtenir, en plus de sa pension, la médaille militaire, puis plus tard une petite recette buraliste aux portes de Besançon. Mais l'inaction forcée fit de lui un buveur incorrigible, et, après plusieurs admonestations qu'il provoquait du reste en s'accusant lui-même, il vint un jour me dire :

« *Je suis indigne de l'intérêt qu'on me porte, parce que je suis trop faible et ne puis pas m'empêcher de boire. Je vous rapporte ma médaille militaire, que je crains d'avoir sur la poitrine, si on me ramasse en état d'ivresse.* »

Je cherchai à lui remonter le moral, à le consoler. Je lui promis de le marier, pour lui éviter la solitude ; rien ne put avoir raison de sa résolution. En me quittant, il alla se noyer dans le Doubs !

Cet homme, qui avait été héroïque au feu et devant les souffrances, les privations ; cet homme devint un lâche par passion pour l'alcool.

Cette fin si triste m'a longtemps poursuivie. J'aime les natures fortes, courageuses, qui savent lutter. Un zouave, la poitrine traversée d'une balle, et que sa blessure n'avait pas dégrisé de son ardeur au combat, a expiré ce soir en chantant le chant des Girondins ; on entendait le sang bouillonner dans sa poitrine.

Le pauvre soldat chantait sa mort !

On nous confirme que, cette nuit, les zouaves ont repris le village d'Auxon, que les Prussiens occupaient. Ils ont emporté la position à la baïonnette avec une grande intrépidité ; ils ont tout tué sans faire de prisonniers.

28 octobre.

Ce matin sont arrivés des matelots pour pointer les pièces de marine, sous le commandement d'un capitaine de vaisseau qui s'appelle Poisson. Il y a aussi deux enseignes et un officier d'artillerie de marine.

Ce soir, on annonce le retour des Prussiens, qui envelopperaient tout le côté nord de Besançon par une ligne circulaire, Marchaux, Cussey, etc.

29 octobre.

Non, c'était un faux bruit; au contraire, l'éloignement de l'ennemi est certain. Il a Dijon pour objectif.

Le Gouvernement vient de constituer des comités militaires, dans chaque département en état de guerre. Ces comités seront composés de chefs militaires, d'officiers du génie ou d'artillerie, d'un officier d'état-major et d'un ingénieur. En tout, cinq membres.

Bravo ! Cela nous débarrasse des comités composés de gens incompétents, qui s'attribuaient une autorité que rien ne justifiait.

Pendant les quelques heures que dura le combat du 23 à Châtillon, Auxon et Cussey, nous avons perdu mille deux cents hommes. Les Allemands ont pour leur part perdu quatre mille hommes, dont deux colonels. Le 14e corps tout entier, sous les ordres du général de Werder, prit part à cette affaire.

Cambriels ne pourra pas rester à la tête de l'armée de l'Est; sa blessure a gravement altéré sa santé, il lui faut un repos absolu. Il va sans doute partir pour Montpellier et sera remplacé par le général Michel, celui qui a chargé à Reischoffen à la tête de ses cuirassiers.

Le maire de Vesoul, M. Noirot, avocat, ainsi que le préfet de la Haute-Saône, ont été pris comme otages par l'ennemi, qui aurait abandonné la ville, en y laissant des blessés et en se dirigeant vers Scey-sur-Saône.

Les Allemands avaient espéré s'emparer de Besançon par surprise. Ils voulaient franchir la rivière l'Ognon pour occuper Auxon et Châtillon-le-Duc, puis bombarder la ville du haut des Monts-Boucons qui dominent la banlieue. Ils pensaient écraser ainsi l'armée de l'Est, peut-être même s'emparer de la place. La preuve en est dans les ordres trouvés sur le champ de bataille de Cussey, et d'après lesquels l'état-major et la réserve du 14e corps devaient occuper Miserey. Un de ces ordres, écrit en allemand sur une feuille de papier retrouvée à demi déchirée, était ainsi conçu :

« 5e *régiment d'infanterie. Régiment ... tenir en position à demain ... toute l'arrière-garde s'avancera sur Miserey ... à la brigade d'Egenfeld.*

« *Le commandant du régiment,*

« Laxobricht. »

30 octobre.

Encore un désastre !

Metz a capitulé. Est-ce bien possible ? Ce rempart qui pouvait nous sauver de l'invasion est au pouvoir de l'ennemi ! La seule armée que nous possédions serait perdue pour nous, et deux cent mille Allemands libres d'accourir sur la Loire !

Bazaine aurait livré cent vingt mille combattants, vingt mille blessés, fusils, drapeaux, canons et Metz !

31 octobre.

Ce n'est que trop vrai, hélas ! Voici la dernière phrase de la dépêche que vient de recevoir le préfet, et qui confirme la capitulation :

« *Gouvernement de Tours.*

« *L'armée, dépouillée de son caractère national, devenue sans le savoir un instrument de règne et de servitude, engloutie, malgré l'héroïsme de ses soldats, par la trahison des chefs dans les désastres de la patrie.* »

C'est déjà un dimanche que la capitulation de Sedan est venue ajouter à nos humiliations.

C'est hier dimanche que Metz s'est rendue.

CHAPITRE III

Intérieur de l'ambulance installée hôtel de Naisey. — Les ligues. — Les Prussiens fusillent l'instituteur de Cussey. — Proclamation de Jules Favre. — Arrivée du général Crouzat, succédant au général Michel rappelé à Tours. — Serons-nous bombardés ? — Lettres naïves du zouave Clément Lagrue, exprimant ses sentiments de reconnaissance.

1ᵉʳ novembre.

Nos chers blessés des ambulances, tout spécialement ceux recueillis au nombre de cinquante-cinq dans l'hôtel de Naisey, ont entendu avec recueillement la messe que nous leur avons fait dire, ce matin à huit heures, par le R. P. capucin Bonaventure.

La salle du milieu au premier étage, celle sur laquelle s'ouvrent quatre autres salles, avait été pourvue d'une table recouverte d'un drap blanc, et c'est là que l'office fut célébré. Ces malheureux moribonds tournaient leurs regards vers cet autel improvisé, et nous toutes étions à genoux par terre, entre les lits de nos malades. Après la messe, le Père

Bonaventure, en quelques mots émus, annonça le nouveau désastre de Metz. Il y eut alors un cri sourd, que jamais rien ne pourra effacer de mon souvenir !

Puis la visite quotidienne des chirurgiens commença à l'heure habituelle; chacune de nous prit son service, le cœur angoissé. Et la vie suivit son cours avec une peine de plus, mais encore, et malgré tout, avec l'espérance d'un secours providentiel que nous attendions toujours.

Dans le Midi, les ligues s'organisent pour lutter contre l'invasion. A Lyon, à Marseille, à Toulon. Nous avions déjà la ligue de l'Est, comprenant les départements de la Meurthe, du Haut-Rhin, des Vosges, de la Côte-d'Or, de la Haute-Saône, de la Marne, du Jura, du Doubs.

Dans ces ligues, l'élément militaire sera subordonné à l'élément civil. C'est donc, il faut bien le dire, une ligue de police, devant signaler au Gouvernement les fonctionnaires tièdes.

Les ligues du Midi sont plus radicales; elles doivent :

« *Briser tout ce qui ferait obstacle à la révolution et à la défense du pays ; prendre toutes les mesures nécessaires contre la réaction, et faire comprendre au peuple qu'il est libre, que la ligue est derrière lui, l'œil ouvert sur ses ennemis.* » (*Émancipation de Toulouse*, 15 octobre 1870.)

La ligue de l'Est sauvera-t-elle la patrie, et nous libérera-t-elle de l'ennemi? Les *chefs ligueurs* se prennent fort au sérieux ; ils affectent des airs d'importance. Ils se sont installés à la préfecture, se livrant à une correspondance active. Leur but est évidemment de constituer un gouvernement démagogique ; ils essayeront d'étendre leurs attributions, d'adresser des ordres directs aux fonctionnaires. Ils ont réussi déjà à se créer des adhérents, parmi lesquels figurent quelques patriotes qui ont cru de bonne foi que le but unique de la ligue était de repousser l'invasion.

Si les prétentions des *ligueurs* se réalisaient, que deviendraient les autorités régulières? Ceci paraît plutôt l'organisation de l'anarchie.

2 novembre.

Garibaldi n'a remporté jusqu'ici aucune victoire; mais il a expulsé de Dôle les Jésuites, auxquels il avait promis protection contre ceux qui voudraient les inquiéter. Il a, en effet, envoyé vingt-cinq hommes, non pour les protéger, mais pour leur signifier de quitter Dôle dans les vingt-quatre heures, et de s'éloigner de cette ville, à quatre-vingts kilomètres au moins.

Les Jésuites ont obéi; du reste, les habitants n'ont point protesté, sans doute parce que Garibaldi et son entourage inspirent un certain effroi.

Déjà, à Tours, il avait ennuyé le Gouvernement. Alors MM. Crémieux et Glais-Bizoin, ne voulant point lui confier de commandement, n'ont trouvé rien de mieux, pour utiliser sa présence en France, tout en se débarrassant de lui, que de l'envoyer dans l'Est.

3 novembre.

On dit que les Prussiens sont revenus à Rioz et à Cussey, déjà occupés par eux.

L'instituteur, qui venait de remonter l'horloge de l'église, a été arrêté comme ayant sonné le tocsin et fusillé, malgré les prières du curé. A Auxon, un ancien soldat, Jeanney, qui avait, de sa fenêtre, tiré sur l'ennemi, a été lui aussi fusillé, et son cadavre est resté longtemps étendu sur le fumier.

Dépêche officielle arrivée cette nuit.

Le Gouvernement vient d'apprendre la douloureuse nouvelle de la reddition de Metz.

« *Le maréchal Bazaine et son armée ont dû se rendre après d'héroïques efforts que le manque de vivres et de munitions ne leur permettait plus de continuer. Ils sont prisonniers de guerre. Cette cruelle issue d'une lutte de près de trois mois causera dans toute la France une profonde et pénible émotion; mais elle n'abattra pas le courage. Pleine de reconnaissance pour les braves soldats, pour la généreuse population, qui ont combattu pied à pied pour la patrie, la ville de Paris voudra être digne d'eux. Elle sera soutenue par leur exemple et par l'espoir de les venger.* »

Mais alors, Bazaine n'aurait point trahi ?

8 novembre.

Garibaldi a quitté Dôle. Opérant comme général en chef, il a mis en réquisition tous les moyens de transport de la compagnie du chemin de fer de Lyon et s'est retiré, en arrière de la forêt de Chaux, sur Lons-le-Saunier. Son quartier général est maintenant à Autun ; il a traversé Chagny sans s'y arrêter. Ses opérations militaires pendant son séjour à Dôle se sont bornées à l'expulsion des Jésuites et à l'arrestation de quelques curés dans les villages des environs.

Aussitôt après le départ du grand patriote, son fils Ricciotti, désireux de continuer les exploits paternels et occupant encore Dôle avec quelques compagnies de francs-tireurs, ordonna ou permit à des troupes placées sous ses ordres d'envahir la sous-préfecture, de désarmer la garde nationale qui s'y trouvait, d'incarcérer le sous-préfet et les employés, auxquels on ne crut devoir épargner ni les injures, ni les menaces, ni les coups.

Le procureur de la République et le juge d'instruction protestèrent contre les attentats; il leur fut répondu que les prisonniers seraient relâchés et que justice serait faite. Les prisonniers furent relâchés; mais, comme on devait s'y attendre, justice ne fut point faite.

Jules Favre a adressé au peuple de Paris une proclamation où il dit :

« *N'ayons tous qu'un cœur et une pensée : délivrance de la patrie. La délivrance n'est possible que par l'obéissance aux chefs militaires et le respect des lois.* »

La ligue de l'Est n'est pas de cet avis, puisqu'elle pense que l'élément militaire doit être subordonné à l'élément civil.

6 novembre.

Voilà maintenant les propositions d'armistice rejetées ! On nous disait depuis deux jours qu'elles étaient accueillies. Des dépêches venues de Suisse les disaient signées ! Cet armistice était ardemment désiré par la majeure partie de la population ; on y voyait une espérance prochaine de paix, et il y a chez nous vraiment si peu de patriotisme, que l'on ne s'inquiétait que médiocrement des conditions qui nous seraient faites et de savoir si nous perdrions l'Alsace et la Lorraine.

8 novembre.

On vient d'afficher la dépêche qui relate les troubles de Paris. Ah ! que le roi de Prusse est heureux ou habile ! Comme les événements le favorisent ! Est-ce un effet du hasard seul, ou bien faut-il y voir la main du ministre prussien ? Nous roulons de catastrophes en catastrophes. Comment et quand sortirons-nous de cet abîme ?

9 novembre.

Il y a eu, ces jours-ci, échange de correspondances entre le général von Werder et le général de Prémonville, commandant à Besançon. Il n'était nullement question de la reddition de la ville, sous peine de la voir bombarder immédiatement. Il s'agissait d'un Allemand historiographe assez connu de l'autre côté du Rhin, M. Fontane, fait prisonnier lorsqu'il prenait des notes qui devaient lui servir pour l'histoire de la guerre actuelle, ce qui l'avait fait considérer d'abord comme un espion. M. Fontane avait été enfermé à Besançon, puis dirigé sur le centre de la France. Le général Werder, le croyant toujours dans la ville, a demandé au général de Prémonville sa liberté, offrant en échange celle d'un officier prisonnier ou de plusieurs soldats. Les lettres ont été apportées par le facteur d'un pays envahi, muni par les Prussiens à cet effet d'un sauf-conduit.

9 novembre.

La ville va rester sans défense; la plus grande partie des troupes sera, dit-on, dirigée sur la Loire pour former le 20° corps. Besançon n'aura plus que sept mille hommes à peine. Comment avec si peu de monde occuper les forts et protéger la ville?

10 novembre.

Le général Michel, rappelé à Tours, a cédé aujourd'hui son commandement au général Crouzat.

Le marquis d'Andelarre a eu hier une entrevue avec le général Werder, et comme il gémissait sur les exactions et les réquisitions commises par les Prussiens et sur les malheurs de la guerre, Werder a répondu que lui-même désirait la paix, que la guerre actuelle était pour lui sans gloire, puisqu'il ne rencontrait plus d'armée régulière ; que le but de la Prusse était d'ailleurs atteint.

Il n'y a pas que l'ennemi qui ravage notre malheureuse contrée. Il est triste d'être forcé de constater que les mobiles et les francs-tireurs, les Vengeurs de la mort et autres corps plus ou moins réguliers, brisent, brûlent, pillent, souvent même sans utilité. Le besoin de vivre, celui de se soustraire au froid, seraient à peine une excuse à de pareils actes commis par des Français envers des Français. L'indiscipline seule les explique.

La population a été invitée, dès ce matin, à se munir des provisions et des vivres nécessaires pour un siège. En même temps le général de Prémonville faisait savoir que les personnes qui ne pouvaient contribuer à la défense de la ville devaient s'en aller sans retard. Cela cause un certain émoi.

11 novembre.

On annonce qu'Orléans a été repris par les Français; mille deux cents prisonniers et deux canons seraient restés entre nos mains. Est-ce vrai et cette nouvelle sera-t-elle confirmée? Nous sommes restés si consternés depuis la capitulation de Metz, que nous n'osons renaître à l'espérance. L'armée de Paris est pleine d'ardeur; Trochu peut tenter une sortie avec les deux cent mille hommes dont il a le commandement, et, si nous ne chassons pas l'ennemi du sol de la France, du moins pourrions-nous peut-être arriver à une paix honorable.

13 novembre.

Retour offensif de l'ennemi; dix mille Prussiens sont revenus sur Montbéliard et jusque dans les environs de Baume. Aucun autre détail ne nous est parvenu et le laconisme de cette dépêche nous jette de nouveau dans le trouble et l'inquiétude.

16 novembre.

Une affiche manuscrite a été placardée ce matin dans plusieurs rues de Besançon :

« *Si ce soir, mercredi 16 novembre, le général de Prémonville n'a pas quitté Besançon, vers quatre heures, trouvez-vous sur la place qu'indique ce signe* Δ, *et nous ferons bonne justice à ce général, qui a laissé égorger nos frères à Saint-Vit, à Cussey, etc. Il est temps de veiller avant qu'un plus mauvais parti ne nous soit fait; il ne s'agit que de fusiller un coquin.* »

On a vainement cherché les auteurs de ce placard. Rien ne s'est produit à l'heure annoncée. Est-ce la pluie torrentielle qui a calmé les esprits, ou bien le général a-t-il pris les mesures commandées par les circonstances? Il faut bien reconnaître que l'autorité militaire est restée inerte au lieu d'agir vigoureusement en s'occupant, ainsi que les circonstances l'exigeaient très impérieusement, d'abord de la discipline, puis des besoins matériels des troupes. Rien de cela n'a été fait jusqu'ici. Un vent de découragement semble avoir soufflé sans relâche, surtout depuis nos derniers désastres.

18 novembre.

L'ennemi se retire, dit-on; il abandonne en partie les positions prises par lui en Franche-Comté; on ne le signale plus, ni à Saint-Vit, ni dans la vallée de l'Ognon. Aurait-il renoncé à envahir Belfort?

Des troupes prussiennes ont passé à Lure sans s'arrêter, se dirigeant vers Dijon.

Nous commençons à nous rassurer un peu quant au sort de la ville; nous espérons être libérés du siège. Et pourtant cette menace sans cesse suspendue sur nos têtes est tellement énervante que, si nous devons y passer, mieux vaudrait la réalité, quelque cruelle qu'elle puisse être, que ces alternatives de crainte et d'espérance. Que ferions-nous de nos blessés? quel serait leur sort?

Beaucoup de maisons ici ont des caves voûtées, bien construites; plusieurs même ont deux issues, ce qui rassure les effrayés. En cas d'éboulement d'un côté, on aurait la ressource de l'autre ouverture.

Mais comment descendre et installer, même par à peu près, ces malheureux amputés immobilisés dans les lits où nous leur avons, petit à petit, donné un semblant de confort? Leur retour à la vie est à ce prix. Comment, dans un espace très restreint et sans air, puisqu'on a blindé tous les soupiraux des caves, conserver ces pauvres gens pendant des semaines, faire la cuisine, avoir de l'eau chaude, etc., pour cinquante-cinq blessés, sans parler de ceux qui les soignent et qui, eux, pourraient, au risque de leur existence dont ils ont fait le sacrifice, faire quelques sorties pour les ravitailler?

Ce n'est donc point sur le personnel valide que je gémis, mais sur nos chers malades, ceux qu'on peut espérer guérir. Même pour les condamnés d'avance, quelle cruelle fin que cette mort sous terre! Et puis nous en avons encore des centaines dans les cours des casernes, à la préfecture, à l'hôpital, dans les maisons particulières. Comment les mettre tous dans les caves? Heureusement ils ne soupçonnent rien de nos préoccupations à leur sujet. Les uns sont vaincus par la fièvre, accablés, et songent peu. Les autres espèrent se guérir, escomptant déjà la fin de la guerre, le retour dans la famille.

J'ai pu en faire évacuer cette semaine par des trains réquisitionnés pour d'autres transports. Quatre seulement ayant été blessés à la Burgonce, dans les Vosges, et ayant été dirigés sur mes ambulances, ont pu bénéficier de ce départ. Mais que sont-ils devenus? quel a été leur sort? Affaiblis, insuffisamment remis, et pourtant plus assez atteints pour occuper des places si recherchées, hélas! par ceux qui stationnent dans les cours, sur les trottoirs, et se meurent un peu partout.

Un seul des quatre expédiés en convalescence m'a écrit une première lettre que je reproduis dans sa naïveté touchante.

Il s'agit d'un jeune zouave qui, avant son service militaire, était mineur dans le Pas-de-Calais et s'était marié à dix-huit ans. Pendant les six semaines que je l'ai gardé et soigné à mon ambulance, il m'intéressait par sa grande jeunesse (vingt et un ans) et son air triste et doux, mais résolu à vivre, à se battre encore et à se faire tuer crânement, s'il le fallait. Je savais qu'il avait un enfant de deux ans et que sa femme était grosse de huit mois. J'avais écrit à cette malheureuse, pour la rassurer sur le sort de son mari. Je me réjouissais de le lui renvoyer même impotent encore. Il avait reçu une balle dans le pied et une autre au flanc. Il commençait à marcher un peu lorsqu'il est parti.

Voici sa lettre :

« Le 3 décembre, hospice de Lens, Pas-de-Calais.

« Je vous salut madame Febvay je vou fait savoire mon arrivé a été trébonne seulle mant je ai bien soufer de mon coté blécé et de mon pié. Je suis arrivé le 30 novembre à Vierzon à Tour à le Mans à Amiens à Arrasse et à Lens mon pays. Ma femme a été bien contente de me revoire arivé. hon lui avait di que j'étai mort elle n'avait pa encor ressu la lettre que vous lui écriviez pré de mon lit blessé. Elle a commencé a pleuré en me voyan de contantement, la santé de mon petit garçon va bien et je vou fait savoire que ma femme en a encor une autre de petit garçon et il va trè bien pour le momant. Elle vous remerci de la complaisance que vou avais eu pour elle et pour moi du chocolas et du socisson que vous havez mis dans ma musette. Je n'avai pas touchés avan d'aitre arivé chez nous pour leurs en donné.

« Maintenan je vou salut de tout mon cœur des bienfait que vous m'avez randus.

« Tousse je vou fai savoire à tousse qui m'ont soignés si bien jusque alleure du dépar et aussi a les sœurs et a le pere capuchin, maintenant vou me ferai savoire si ma lettre elle vous ait parvenu et maintenan si vous voulé me récrie voila mon adresse de ma femme ou que je panse rentré bientôt rue basse a Lens département du Pas-de-Calais arrondissement de Bétune armée du Rhin.

« Lagrue Clément

« qui vous salut. »

Autre lettre du même, reçue quinze jours après.

« Hôpital du Mans, 14 décembre 1870.

« Je vou salut madame Febvay j'ai bien reçus votre lettre et j'ai repartit joindre mon dépot à Monpélier et je sui rentré a l'hopital Sainlouis mais je vous diré que je vai pas trop bien. Ma jambe elle va mieu, mais va toujour de travers et que je peu en rien faire et quand je sui passé à le Mans le général Bourbaky il m'a demandé ous que j'allai j'ai répondu mon général je va joindre mon dépot et je lui di si vou avez un fusils a me donné je combattré encore : hime répon mon enfant non repose toi t'en a fai assé je lui di mon général je veu encore hi aller donné moi un fusils. hi m'en a pas donné et hi ma demandé mon nom je lui présente mes papiers i me inscri sur son calpin et on m'a arrangé la jambe qui allait pas, je suis partit deux jours après mais un mauvais prussien m'a démonté le coude par un coude fusils. alors me voila bien arangé mais ca va mieu maintenant et on di que seré réformé avec une petite pencion.

« Maintenant je fini ma lettre en vous embrassant de tou mon cœur et vous pri le bonjour à le pere capuchin a les sœurs, a votre maman et à les autre bonne dames comme vous. Ma femme elle va bien quelle mécrit et aussi mes deux enfant.

« Je vou salut bien.

« Lagrue Clément. »

Pendant dix ans, il m'écrivit régulièrement pour le nouvel an. Je recevais du reste et je reçois encore des lettres reconnaissantes des survivants. Avec de la bonté unie à la justice et à la fermeté, que ne ferait-on pas de ces natures-là, de ces braves gens qui se souviennent encore après trente-huit ans qu'on les a recueillis et soignés?

CHAPITRE IV

Sortie sous Belfort vers Bessoncourt. — Arrivée du capitaine de vaisseau Poisson, commandant de la citadelle. — Arrivée du capitaine de vaisseau Rolland, auquel on a donné le rang de général de brigade pour commander la place et organiser la défense. — Attaques de la presse contre le général Cambriels; sa défense. — L'armée de Paris et l'armée de la Loire. — Les Prussiens arrêtent à Vesoul de notables habitants.

21 novembre.

Plusieurs mobiles de la Haute-Saône ont été tués dans une sortie sous Belfort.

Le 15 novembre, à quatre heures du matin, une partie de la garnison, comprenant cinq cents mobiles de la Haute-Saône, un bataillon du 45e de ligne, un bataillon du 84e et six compagnies du Rhône, ont marché sur Peroux pour surprendre l'ennemi et le déloger de Bessoncourt. La colonne marcha, sans être inquiétée, jusqu'à cinq cents mètres de Bessoncourt. Mais l'ennemi devait être averti, car il accueillit nos soldats par une forte décharge qui tua plusieurs mobiles et força le commandant Lanoir à leur ordonner de se coucher. Les Prussiens n'en furent pas moins vigoureusement attaqués.

Au moment où le commandant Lanoir ordonnait une charge à la baïonnette et criait : « *En avant! mes enfants!* » une balle vint le frapper à la tête. Un capitaine fut tué presque au même instant, et plusieurs officiers blessés. Nos troupes conservaient cependant leurs positions, et à huit heures du matin elles se retirèrent en bon ordre sans être poursuivies.

22 novembre.

Si l'ordre et la légalité sont rétablis à Marseille, l'arbitraire règne à Lyon, à Saint-Étienne, à Toulouse et dans d'autres villes. Le Gouvernement continue à se montrer peu énergique. La France a été effrayée, elle a redouté une guerre sociale, tant était grande la frénésie de certains hommes, et elle a accepté le despotisme.

Quelques zouaves, cantonnés du côté de Vaujeaucourt, ont enlevé pendant la nuit un poste de vingt Prussiens à Montbéliard, ce qui a amené le lendemain un échange de coups de fusil sur les bords du Doubs.

Un notable de notre ville a deux casquettes : une pour la guerre, une pour la paix. Il est franc-tireur comtois, mais il fait en même temps partie des ambulances.

S'il n'y a pas de danger de siège, il se coiffe en franc-tireur et affecte des allures guerrières. Le danger survient-il ; il s'applique un brassard et prend la casquette à croix rouge que portent les ambulanciers. Au demeurant, c'est un brave homme, républicain, se prenant au sérieux. Je l'ai vu bon et rempli d'obligeance, lorsque j'ai dû faire appel à son appui officiel.

Il y a eu hier soir une réunion nombreuse dans un café de la ville. On ne proposait rien moins que de confisquer les biens de ceux qui avaient quitté Besançon par crainte du siège. La proposition ayant paru un peu leste, on a demandé que leurs noms fussent livrés à la publicité, la confiscation étant d'ailleurs impossible, et les auteurs de cette motion n'ayant aucun moyen pour la mettre à exécution. On a fini par décider que les noms des absents sans motif seraient couchés sur une liste dressée par une commission du conseil municipal. C'est un coup d'épée dans l'eau.

23 novembre.

Cette nuit, un coup de feu a été tiré sur un factionnaire au fort des Justices. C'est un accident sans doute ; mais ce fait a ému quelques habitants, qui l'attribuent à une balle prussienne. La surexcitation, la nervosité sont à l'ordre du jour ; un fait qui passerait inaperçu à tout autre moment acquiert, à l'époque douloureuse où nous vivons, une importance qui dépasse le fait lui-même. Aussi on s'empresse d'attribuer cette balle perdue à un retour de l'ennemi, et rien ne justifie cette supposition.

Les colonnes allemandes ont dû plutôt suivre les grandes routes pendant la nuit, et ne pas s'engager dans les chemins de traverse, difficiles même pour les gens du pays. Or, à mille deux cents mètres du fort des Justices et même sur la route, il y a des factionnaires qui auraient donné l'alarme.

Le comité de défense militaire a décidé que l'on fortifierait trois points.

25 novembre.

Ce matin, on a désigné comme devant être fortifiés : 1° le Signal, auprès de Montfaucon ; 2° le Mont-

Rosemont ; 3º Palente. Comme ces points sont difficiles à défendre avec une garnison peu nombreuse, on ne fera que des fortifications de nature à empêcher l'ennemi de s'y installer.

La création d'une communication directe entre le Signal et Besançon exigera de grands travaux ; il faudra faire un chemin dans le rocher. Puis, comment se procurer de l'eau ?

Les autres forts sont à peu près terminés, excepté le fort des Justices, qui est armé en partie, mais dont les terrassements n'ont pu encore être achevés.

Les deux forts de la Chapelle-des-Bins sont en état de défense. Brégille et la citadelle possèdent des pièces de marine portant à six kilomètres. Les soldats de marine sont placés sous les ordres de deux capitaines de vaisseau. A l'un on a donné le rang de général de brigade, et c'est sous le nom de général Rolland qu'il sera désormais désigné.

L'autre capitaine de vaisseau, Poisson, est aussi un vaillant, dit-on.

Le général Rolland commande les mobilisés de la Haute-Saône et les mène militairement ; il est la terreur du soldat, et, grâce à lui, la discipline réapparaît un peu, bien que ses rigueurs aient déterminé quelques soldats à déserter.

Mais ce n'est pas sans de grands efforts qu'il a pu réunir à Besançon ces mobilisés ; Garibaldi les arrêtait à leur passage à Dôle, lorsqu'ils arrivaient de Gray ou de Vesoul, et voulait les conserver sous son commandement. Il a fallu les instances réitérées du général Rolland, pour déterminer Garibaldi à en rendre une partie à leur destination.

L'opinion ici est favorable au général Rolland ; on voit en lui le sauveur de la ville, celui qui nous évitera le bombardement.

Il ne s'agit pas de laisser les Prussiens arriver à douze kilomètres des murs de la ville, de les laisser piller, ravager le pays, insulter et violenter les habitants sans une tentative de résistance.

Le général Rolland va, espère-t-on, organiser un corps de deux ou trois mille hommes résolus, se tenant prêts à marcher de suite là où apparaîtront les Prussiens. Bravo !

28 novembre.

Attaqué depuis longtemps dans la presse, injurié à Lézignan, alors que, quittant Montpellier, il se rendait à Lagrasse pour terminer sa guérison, le général Cambriels a porté plainte au ministre. Il demande à l'autorité justice et réparation. Sa lettre, dont les explications s'imposent par leur caractère de franchise et de netteté, s'explique ainsi au sujet de sa retraite dans les Vosges :

« Appelé dans les Vosges par la présence de l'ennemi, il me fut bientôt démontré que je ne pourrais tenir longtemps dans les positions que j'occupais avec les onze ou douze mille hommes que j'avais réunis après le combat de la Burgonce. L'ennemi débouchait sur mon front et sur ma gauche et menaçait ma ligne de retraite par la vallée de la Moselle. Fallait-il, avec des troupes mal armées, dont quelques-unes habillées de toile, sans souliers, sans tentes, sans chefs supérieurs, sans réserves de vivres ni de munitions, atteindre un ennemi dont les forces s'élevaient à trente-cinq mille hommes, ainsi que vous me l'écriviez plus tard, et menant avec lui une nombreuse artillerie? Je ne l'ai pas pensé, et sur l'avis unanime d'un conseil de guerre, je me décidai à quitter mes positions et à opérer ma retraite sur Besançon, afin de pouvoir, à l'abri du canon de cette place, concentrer mes troupes disséminées sur tous les points, les organiser, les instruire et les ramener à la discipline, en un mot créer une force respectable et capable, au premier jour, de manœuvrer avec succès sur les lignes d'opérations de l'ennemi.

Rester dans mes positions vingt-quatre heures, douze heures de plus, c'était une faute impardonnable, c'était entraîner à un désastre évident, à une ruine complète, cette petite colonne que je considérais comme le noyau d'une armée redoutable dans un avenir peu éloigné.

« A Besançon, j'avais concentré mes troupes sans pertes d'aucune espèce. Malgré un temps effroyable, j'organisais sans relâche tous les services ; j'habillais, je chaussais mes hommes pour la saison d'hiver ; j'assurais les réserves de vivres, de munitions ; je résistais avec succès à deux attaques, je repoussais l'ennemi après lui avoir fait subir des pertes graves, et pour la première fois, peut-être, depuis le début de la guerre, je terminais le combat par une brillante charge à la baïonnette. »

Le général, en finissant, demande qu'on le destitue s'il est incapable, qu'on le fusille s'il a été traître.

En présence de cette argumentation qui paraît décisive, la calomnie continuera-t-elle à le poursuivre ?

2 décembre.

Besançon n'a plus les mêmes inquiétudes. La ville se croit libérée de l'ennemi, du moins pour le moment. Les Prussiens se dirigent sur Paris et sur la Loire ; ils ont été peu nombreux dans plusieurs localités, et il eût été facile de les écraser, eux et leurs convois de vivres.

3 décembre.

Voici, par extraordinaire, une heureuse nouvelle ; l'armée de Paris s'est avancée au delà de Lonjumeau. L'armée de la Loire a fait, de son côté, un mouvement en avant.

On s'est battu aujourd'hui sur divers points. Puissions-nous demain apprendre une victoire ! Les malheurs successifs nous ont rendu pessimistes. Un semblant de bonheur nous donne un coup de fouet, nous nous redressons tout à coup. Puis la seconde qui suit nous rend à nos souvenirs douloureux, à nos revers, et alors nous n'osons plus croire à une nouvelle heureuse.

Les Bretons font des prodiges de valeur : ils se battent en lions et meurent en saints.

Le 2e bataillon de la garde mobile de la Loire, composé en presque totalité d'ouvriers des mines, a été transformé en bataillon de mineurs ou de rocteurs qui prend le nom de *Bataillon du génie de la garde mobile*, sous les ordres de son commandant M. de Montgolfier, ingénieur des ponts et chaussées.

4 décembre.

Aucune nouvelle de l'armée de la Loire ni de Paris ! Le découragement succède à la confiance de la veille. Combien tout semble noir autour de nous! Quelles heures angoissantes à la pensée des désastres déjà consommés, avec la crainte de ceux qui peuvent encore frapper notre malheureux pays!

5 décembre.

Pas de nouvelles encore! Le silence toujours! Encore des défaites sans doute! Gambetta veut-il nous les cacher le plus longtemps possible?

6 décembre.

Les voilà, les nouvelles : l'armée de la Loire a été repoussée; sa jonction avec Paris ne se réalisera pas, du moins immédiatement. Ce qui ne veut pas dire que d'Aurelles de Paladine est pour cela un traître, comme l'en accuse Gambetta.

La trahison fût-elle prouvée là et ailleurs, est-il politique de l'avouer, et n'est-ce pas dire aux armées que leurs généraux les conduisent à la boucherie? Ce n'est pas le moyen de relever le moral des troupes; puis ces accusations répétées de trahison, d'incapacité, blessent les chefs de corps, les irritent, et ils disent avec raison que c'est semer l'esprit de défiance et de révolte parmi les soldats.

Les grands peuples et les grands rois remerciaient les hommes à qui il n'avait manqué que le succès. Louis XIV consolait Villeroy vaincu en lui disant :

« *Monsieur le maréchal, on n'est pas heureux à notre âge!* »

Sous la première République, on n'a pas improvisé les armées ; dans les premiers temps, les troupes manquaient de discipline et se vengeaient sur leurs généraux des défaites subies. Les bataillons de volontaires ne commençaient à rendre des services qu'après leur embrigadement dans l'infanterie de ligne. Mais on eut alors du temps qui nous a manqué, on ne combattait pas comme aujourd'hui avec des masses irrésistibles quand elles ne rencontrent pas un adversaire égal en forces.

La guerre, trop coûteuse pour durer, est menée par des moyens si énergiques, qu'on n'a pas le temps de former des armées ou des généraux. Malheur à celui qui n'est pas prêt au début! Nous en avons fait la triste expérience.

Dans cette circonstance, les revers de l'armée de la Loire ne peuvent-ils s'expliquer par l'intervention d'une partie de l'armée prussienne qui bloquait Metz et que la reddition de la place avait rendue disponible? Que Metz eût tenu quelques jours de plus,

Paris peut-être était délivré, et l'on eût tressé des couronnes au général qu'on accuse de trahison.

7 décembre.

A Vesoul, l'ennemi vient d'arrêter et de conduire au delà de la frontière de paisibles habitants : un magistrat, un banquier, plusieurs conseillers municipaux et même Xavier de Montépin.

Ils fusillent aussi beaucoup, les Prussiens, quand on leur résiste ; le moins qu'ils fassent, c'est d'expédier leurs otages en Allemagne. Ils prétendent qu'ils agissent ainsi par représailles et parce que la flotte française a capturé des capitaines au long cours sur des bâtiments de commerce à vapeur.

CHAPITRE V

Le capitaine de vaisseau Rolland nommé général de division au titre auxiliaire. — Son ordre du jour. — Vote du conseil général et la suite qui y fut donnée. — Lettre de M. Guizot aux membres du Gouvernement. — Le Gouvernement se transporte à Bordeaux. — Arrivée des « Vengeurs de la mort ». — Ce qu'on dit de la composition et de la formation de ce corps. — Dissolution des conseils généraux. — Mortalité considérable dans les ambulances. — Arrivée du 24e corps, général Bressoles.

8 décembre.

Le capitaine de vaisseau Rolland, déjà chargé du commandement supérieur des gardes mobilisés de la Haute-Saône concentrés à Besançon, est nommé général de division au titre auxiliaire et remplace le général de Prémonville dans le commandement supérieur de la 7e division militaire.

Il vient de publier ce matin un ordre du jour fort énergique, le voici :

« *Rappelons-nous les maux que nous souffrons, nos pères, nos enfants, nos frères égorgés, nos biens sacrifiés, et, par-dessus tout, le sol sacré de la Patrie violé et foulé par un peuple qui fait la guerre comme au temps le plus reculé de la barbarie.*

« *Nous sommes tous solidaires. Réveillons-nous donc. Soyons disciplinés d'une manière absolue. Que les chefs donnent l'exemple; que les inférieurs obéissent. Abandonnons cette vie facile et par trop légère qui nous affaiblissait; devenons soldats, et nous pourrons dire : Vive la France! car alors elle ne périra pas.* »

On voit, sur la rive droite du Doubs, des compagnies franches et des compagnies choisies dans la garnison de Besançon qui commencent à circuler en s'avançant jusqu'au centre de la Haute-Saône pour harceler l'ennemi et inquiéter ses convois. On espère par là l'obliger à ne marcher qu'en forts détachements et à établir un service d'avant-postes nombreux autour de ses cantonnements.

A la fin de septembre, le conseil général a voté une somme de cent mille francs pour l'acquisition d'armes de guerre. Cette somme mise à la disposition du préfet, on nomma une commission de sept membres auxquels on devait soumettre les échantillons d'armes à acheter. C'était peu que cent mille francs, mais il était possible d'augmenter le crédit. Il avait été convenu que les marchés ne seraient conclus qu'après l'avis de la commission. Or un habitant du département, nullement qualifié pour effectuer des achats de cette importance, s'offrit au préfet, qu'il connaissait, et par ce fait seul fut accepté. Il partit pour la Suisse avec un guide. Tous deux vécurent grassement aux frais du département et achetèrent onze cents fusils ; seulement on différa de les faire expédier, et Dieu sait pourtant avec quelle impatience on les attendait au chef-lieu !

Comment s'y prit-on lorsque vint enfin l'heure de les expédier et que se passa-t-il ?

Il arriva que les onze cents fusils furent saisis et arrêtés par le Gouvernement fédéral et considérés comme contrebande de guerre.

C'est le 21 novembre que la nouvelle nous parvint.

Voilà donc le département privé de ces fusils payés comptant et représentant, avec les frais de voyage de l'acquéreur, quatre-vingt-huit mille francs !

Cet acquéreur n'avait rédigé aucun marché, n'avait stipulé aucune clause pour le cas où la Suisse interdirait la sortie des armes, et il s'ensuivit que la Suisse garda les fusils et l'argent, et que le département n'a jamais eu ni l'argent ni les fusils.

12 décembre.

M. Guizot vient d'adresser une lettre aux membres du Gouvernement de la Défense nationale. Il les félicite d'avoir cru à la défense héroïque de Paris, d'avoir ranimé les forces vives du pays.

« *Mais, dit-il, la guerre actuelle n'a et ne peut avoir d'autre but que la paix, et le pays désire la paix. Or l'ennemi, pour traiter de la paix, et les puissances neutres pour nous y seconder, ont besoin d'avoir en face un gouvernement complet, efficace, qui ait des chances sérieuses de durée et sur lequel ils puissent compter pour l'exécution des traités.*

« *Le Gouvernement de la Défense est un pouvoir incomplet et provisoire. Il ne peut décider des questions de paix ou de guerre, de levée en masse, d'emprunt national. Il faut une assemblée nationale librement élue par le pays tout entier. C'est à cette assemblée à voir si la dignité et la sûreté nationale nous imposent de continuer la guerre.*

« *Pour le moment, il n'y a point de prétendant redoutable pour la République.*

« *La lutte contre l'étranger surmonte tous les dis-*

sentiments et rallie tous les Français dans un intérêt et un effort commun.

« *La guerre finie, tout dépendra de la conduite des gouvernants eux-mêmes, et les républicains décideront du sort de la République.* »

Telles sont les idées que développe l'ancien ministre de Louis-Philippe; elles sont justes et vraies.

14 décembre.

Le Gouvernement annonce qu'il se transporte à Bordeaux, afin d'assurer la complète liberté du mouvement stratégique des deux armées composées avec l'armée de la Loire.

18 décembre.

Ce matin, on a envoyé de nouveau des troupes à Cussey; on dit qu'un corps d'armée venant de Lyon, et qu'on évalue à trente mille hommes, doit arriver ce soir pour attaquer les Allemands sous Belfort. Ce projet, annoncé depuis trop longtemps, se réalisera-t-il?

A Fondremaud, village de la Haute-Saône, l'ennemi a demandé *huit mille francs* et saisi, avec menace de les fusiller, huit personnes aisées du village, pour assurer le payement de cet argent. Un des malheureux habitants a dû venir chercher à Besançon mille francs qui manquaient.

La Haute-Saône est écrasée de réquisitions de toute nature : denrées, argent, bétail, tout est enlevé.

L'ennemi exigerait même, dit-on, qu'à Vesoul la justice fût rendue au nom de l'empereur d'Allemagne, sous peine pour les magistrats d'être privés de leur traitement.

22 décembre.

Cette nuit passeront à Besançon cinq mille hommes venant du Midi et allant sur Belfort ; ils seront suivis d'autres troupes destinées à faire lever le siège.

Cette opération eût été facile dix jours plus tôt.

La place n'est pas investie, l'ennemi a fait sous ses murs des pertes considérables, et il y était peu nombreux ; mais on dit qu'une armée de quatre-vingt mille hommes traverse le Rhin, et sans doute une partie en sera dirigée sur Belfort, les Prussiens devant être avertis et du mouvement de nos troupes et de nos projets. Dieu veuille que là encore nous ne nous présentions pas trop tard !

Depuis le commencement de la guerre, nous n'avons

qu'une tactique : nous opposer en forces insuffisantes aux agressions prussiennes et nous faire écraser sur le point où, pour exécuter leur plan, ils ont aggloméré tous leurs moyens.

Chaque jour on nous amène quelques prisonniers prussiens. Aujourd'hui une voiture à deux chevaux en conduisait plusieurs qui étaient blessés.

Des francs-tireurs, des tirailleurs algériens circulent dans la ville; ils ont l'air las, découragés, désemparés. On dit qu'ils font partie de l'armée qui se rend sous Belfort.

On dit aussi, mais que ne dit-on pas (si c'est vrai, ce serait une importante nouvelle), que quarante mille rations auraient été commandées aujourd'hui.

Notre lieutenant-colonel d'état-major, M. de Bigot, aurait été mandé à Lyon pour prendre part à un conseil de guerre, et on parlerait de former de nouveau un camp de quarante mille hommes à Besançon.

23 décembre.

Il y a une chose urgente : secourir Belfort !

Ce matin sont arrivés à Besançon des soldats coiffés d'un bonnet en mouton gris et vêtus de paletots genre dolman bordés en astrakan, garnis aussi de gros brandebourgs. Ce sont les *Vengeurs de la mort*. Sur leur coiffure, se détachant sur un écusson, on voit une tête de mort avec deux tibias en croix. Ils portent un drapeau noir, sur lequel est reproduit le même écusson de leur coiffure.

Ils sont commandés par un homme à la figure dure et terrible. Il a les traits vigoureusement accentués, et toute sa personne respire l'énergie ; il se fait appeler Malicky et se dit Polonais de Lithuanie ; mais comme il parle très peu la langue de cette province et qu'il a plutôt l'accent russe, les vrais Polonais qui l'accompagnent le disent originaire de Russie.

Il a sous ses ordres tout un état-major, de nombreux officiers, des lieutenants et des capitaines de cavalerie, des officiers du génie, etc.

C'est un comité lyonnais qui a organisé ce corps à ses débuts.

Malicky a toute la confiance de ce comité, présidé par M. Andrieux [1]. Un crédit de trois cent mille francs a été ouvert à Malicky pour compléter sa troupe et payer la solde.

---

[1] Celui qui devint préfet de police plus tard.

24 décembre.

Aujourd'hui, à deux heures, les *Vengeurs* étaient réunis sur la place Saint-Pierre, lorsque le général Rolland et le préfet se sont présentés pour les passer en revue. Le général, qui, on le sait, exige du soldat une discipline sévère, ne semblait pas satisfait de la tenue et surtout de l'attitude des *Vengeurs*. Il dissimulait mal l'impression pénible qu'il en ressentait. Tout à coup il fit aligner les soldats à coups de plat d'épée sur le ventre, pour leur donner un peu l'idée de la discipline.

Le lendemain, on amena à une de mes ambulances, et c'est moi qui le reçus, un des Vengeurs de la veille, qu'on avait mis de grand'garde au polygone par vingt-quatre degrés de froid. On devait venir le relever deux heures après, et c'est seulement après quatorze heures qu'on y songea ! Lorsqu'on fut près de lui, on le trouva couché, crispé sans connaissance. C'est ainsi qu'on me l'apporta. Après des soins énergiques, il reprit assez de connaissance pour me donner son nom, l'adresse de sa mère à Antibes ; puis il mourut sans agonie et sans une plainte.

Si je juge de l'équipement de cette troupe par le seul sujet que j'ai vu de près, je puis dire que notre armée régulière ne possédait pas, il s'en faut de beaucoup, le confort et presque le luxe de leurs chauds vêtements, bien compris pour une rude campagne d'hiver.

25 décembre.

Un décret du 14 décembre nomme chevalier de la Légion d'honneur M. Huot, capitaine des francs-tireurs du Doubs.

Les considérants de ce décret méritent d'être cités :

« *Le Gouvernement de la Défense, etc.*

« *Considérant que M. Huot a eu depuis quinze jours, dans la Haute-Saône, quatre rencontres avec l'ennemi auquel il a tué ou blessé quarante hommes; qu'il a fait vingt-deux prisonniers prussiens; qu'il a délivré cent quinze prisonniers français, et qu'enfin, dans la dernière affaire, l'attaque d'un convoi, il a eu les deux cuisses traversées par une balle :*

« *Decrète, etc.* »

Voilà une décoration bien méritée. Ces faits d'armes suffiraient à expliquer la terreur que, dans le pays, inspirent aux troupes allemandes certaines compagnies franches.

Au commencement de décembre, une compagnie

campait aux environs de Montbéliard sous le commandement du capitaine Girod. Tout dévoués à leur pays, les hommes qui la composaient ne demandaient qu'à se mesurer avec l'ennemi; mais l'occasion ne s'était point encore présentée, et ils ne se signalaient par aucun exploit.

Le 16 décembre, le chef d'état-major lieutenant-colonel de Bigot fait venir à Besançon capitaine et soldats :

« *Demain, leur dit-il, vous serez en présence des Prussiens; vous partirez ce soir pour Autoreille, et vous prendrez position sur les hauteurs qui entourent cette commune.* »

Puis il leur recommanda de ne pas se laisser surprendre dans le village. Le général Rolland survint alors et ajouta qu'il comptait sur leur volonté de soutenir l'honneur du drapeau.

Le lendemain, dès l'aube, les francs-tireurs déjeunaient à Autoreille, qui est placé sur la route de Gy à Gray, lorsqu'on annonce l'arrivée de l'ennemi; vite ils courent s'installer dans les positions indiquées. Les Prussiens s'avancent avec quatre batteries d'artillerie; ils sont mille six cents, les Français ne sont que soixante-deux. Ils laissent les Allemands arriver à portée et les accueillent par un feu meurtrier. Le désordre se met un instant dans les troupes prussiennes, qui tournent leurs canons contre les soixante-deux combattants, le plus souvent invisibles. La lutte dure plusieurs heures. Cachés dans la forêt, profitant des replis de terrain, les Français font éprouver de grandes pertes à leurs adversaires. Ils ne battent en retraite que lentement, abrités par les coteaux et les bois. Exaspérés, les Allemands incendient alors la maison du capitaine de la garde nationale de Autoreille ; vainement ce malheureux cherche à s'échapper des flammes, vainement il essaye de rencontrer une issue : les Allemands le saisissent, le poussent dans le feu. Il veut fuir, on le saisit encore et on le rejette dans le brasier, où il trouve la mort.

On nous raconte chaque jour de prétendus faits d'armes, des victoires même remportées par Garibaldi ; mais ce sont les admirateurs et les partisans du patriote italien qui répandent le bruit de ces victoires purement imaginaires. Ils croient utile d'envoyer partout des télégrammes annonçant leurs prétendus succès pour se grandir dans l'opinion et pour soutenir le courage des populations. Le Gouvernement lui-même s'y est trompé quelquefois. Mais lorsqu'il a voulu se renseigner auprès de l'autorité militaire, il lui fut répondu :

« *Illusion sur les opérations de Garibaldi en Franche-Comté. Religion des ministres surprise. Troupes, officiers surtout, témoins ici des différences entre ses faits et ses bulletins.* »

27 décembre.

Un troupeau de cent bœufs environ a été enlevé aux Prussiens par des francs-tireurs et des mobiles, et a fait une solennelle entrée dans la ville. C'est le premier exploit de ce genre accompli par les troupes sorties de Besançon. Tout le quartier Battant était en joie.

29 décembre.

Un décret aussi imprévu qu'illégal dissout les conseils généraux. Plusieurs membres de cette assemblée auraient voulu protester. Le président n'a pas été de cet avis.

Cette dissolution est une faute grave et une illégalité. Cela revient à donner aux préfets le droit de composer les nouveaux conseils.

Est-il équitable de supprimer cette assemblée émanant du suffrage universel, et de laisser aux préfets ou à leurs délégués le soin de régir seuls le département, de discuter les plus graves questions, d'établir le budget, de voter l'impôt ? Les journaux radicaux applaudissent à cette mesure, l'un d'eux s'écrie : « Le droit primordial en république, sous le régime de l'égalité, c'est d'abolir les privilèges. Or un conseil général, élu pour neuf ans dans un état de choses provisoire, est un privilège et ne devait pas subsister plus longtemps. » (*L'Est*, 29 décembre 1870.)

Nos blessés meurent en grand nombre dans nos ambulances, pourvues pourtant du nécessaire maintenant. Les dons arrivent chaque jour et suffisent à donner même du bien-être à ces malheureux blessés et malades. Nous ne voulions avoir que des blessés, et nous voilà depuis plus de quatre semaines envahis par des malades nombreux. L'humanité nous a fait un devoir de ne pas repousser ce qui pourtant est un danger au point de vue de la contamination ; mais le moyen de mieux faire, quel est-il ?

L'isolement des blessés eût été la première loi de l'hygiène. Au lieu de cela, il nous faut mettre dans leur voisinage des angines couenneuses, des fiévreux, voire même des malades atteints de dysenterie et de typhus ! Ces derniers ont, du reste, tous succombé en très peu de jours. Un seul a lutté plus longtemps et est mort hier soir dans mes bras, en me priant d'écrire à sa mère! Cette agglomération de malades dans des espaces relativement restreints, dans une atmosphère qui devient chaque jour et de plus en plus un foyer d'infection, nous enlève tout espoir de tirer d'affaire la plupart de ces pauvres enfants de la France. Mais au moins nous sentons que leur moral est meilleur, soutenus qu'ils se sentent par notre affection constante, par les adoucissements que nous cherchons à leur procurer, par les conversations réconfortantes que nous entretenons avec eux, soit par nous-mêmes, soit par les quelques visites charitables que nous autorisons et que même nous provoquons pour les distraire un peu. C'est une joie quand nous voyons un sourire sur ces pauvres visages. Plusieurs m'ont dit :

« *Quand je vous entends venir dans ma salle, il me semble que cela me guérit !* »

Jusqu'ici pas un seul ne nous a causé de déception ni d'ennui. Tous sont soumis, résignés et reconnaissants. Il faut être pourtant sévère quant au régime et leur retirer du fond de leur lit de vieilles croûtes qu'ils sont parvenus à dérober, alors que toute alimentation doit être proscrite dans certains cas. Ils pleurent de faim ou de ce qu'ils croient être la faim, et qui n'est qu'une forme de la maladie. J'ai lutté plusieurs fois de mes deux bras avec des amputés qui n'en avaient plus qu'un et qui me résistaient pour cacher des aliments défendus; mais tout cela ne se faisait pas méchamment, et, le premier choc passé, ils demandaient pardon comme des enfants, de bons enfants.

Quelle différence de nature avec les Allemands ! Les hasards de petits combats récents autour de la ville nous ont amené quatre Poméraniens blessés. Nous les avons reçus, non pas en ennemis, mais en frères vaincus et malheureux. Comme ils ne parlaient pas le français, nous avons eu l'attention de faire changer de salle quatre de nos blessés pour donner leur place aux Prussiens, afin qu'ils soient dans la salle Saint-Édouard, que dirigeait une femme exquise et parlant l'allemand.

Cette délicieuse directrice était la comtesse Édouard, de Vezet, née de Vaulchier, à la mémoire de laquelle je donne un souvenir ému. Si elle était encore là, sa grande modestie ne m'aurait pas permis de dire le peu que j'écris ici. Mais elle n'est plus, cette vaillante Française, cette chrétienne admirable, cette femme du monde accomplie. Jeune, belle, bonne, je puis dire que Dieu l'avait comblée de tous les dons et qu'elle sut, dans son trop court passage ici-bas, répandre le bien et le charme autour d'elle. Eh bien, ces ingrats Allemands, qu'elle comblait de soins et de prévenances, auxquels elle parlait leur langue, n'avaient pour elle que des regards farouches ; et même, ne nous bornant pas aux soins prescrits et étendant sur eux les largesses permises par les docteurs, il nous arrivait de leur porter du tabac, des cigares, des friandises ; ils prenaient sèchement, sans un signe quelconque de remerciement, puis se retournaient du côté du mur jusqu'à la prochaine visite, qui avait le don de provoquer toujours le même geste.

Tous les quatre nous étaient arrivés bien équipés, chaudement couverts, avec de bons dessous en tricot de laine ou de flanelle, d'excellentes chaussures. Toutes choses, hélas ! manquant aux nôtres.

Leur tempérament ne semblait pas non plus avoir souffert ; aussi, bien que grièvement blessés, tous ont été guéris et sont partis comme ils avaient vécu sous notre toit hospitalier, sans le moindre signe de remerciement.

31 décembre.

Depuis quelques jours arrivent les troupes annoncées ; c'est le 24e corps, général Bressolles. La banlieue est de nouveau remplie comme en octobre dernier. Où va cette armée? On ne sait, car il paraît qu'elle n'a pas mission de débloquer Belfort. Pourtant, si capable que soit Belfort de continuer cette belle défense qu'on ne vante pas assez, il serait important de détruire les tranchées et les travaux de défense de l'ennemi. Quel que soit le but à atteindre pour l'armée qui nous arrive, quelques jours employés à rendre libre Belfort ne seraient pas perdus.

La route de Vesoul, jusqu'à proximité de Saint-Claude, est bordée de voitures chargées d'avoine, de caisses de biscuits, de paille, de foin. D'autres voitures conduisent du pain pour la troupe. Des soldats font peser dans les chantiers le bois qui doit leur être délivré; des forges de campagne servent au ferrage des chevaux, et tout cela se fait par un froid rigoureux et par une neige qui couvre la campagne et n'a pas été retirée des voitures, où elle s'est en partie convertie en glace.

L'artillerie du corps d'armée paraît être campée à Saint-Ferjeux, quoiqu'il y en ait aussi à Saint-Claude.

C'est demain l'année nouvelle. Quel triste réveil sera celui de toute la France! Que de douleurs de toute sorte, que d'humiliations nous a apportées celle qui finit!

Des armées prisonnières, le Gouvernement renversé, l'ennemi victorieux partout, des villes fortes succombant devant la famine qui les atteint, et l'invasion faisant de nouveaux progrès !

Paris nous reste et sauve l'honneur du pays par son héroïque résistance.

Que Dieu nous prenne en pitié et nous protège !

1871

CHAPITRE VI

Premier jour de l'année aux ambulances. — Le général Bourbaki nommé commandant en chef du 18ᵉ corps. — Le zèle et l'activité du général Rolland; son admirable énergie. — Disparition du corps des Vengeurs de la mort. — Bataille de Villersexel.

1ᵉʳ janvier.

Comme chaque matin, je suis arrivée avant sept heures auprès de nos malades. J'avais hâte de leur apporter du réconfort par mes vœux, mes espérances en leur guérison, et de faire luire à leurs yeux la rentrée dans la famille après tant d'épreuves. D'un lit à l'autre, j'ai serré toutes ces mains tendues vers moi. En hâte, et aidée par l'entourage dévoué, nous avons tout préparé pour qu'à huit heures la messe leur fût dite dans la salle du milieu, où, des quatre portes ouvertes, les plus éloignés des autres salles puissent entendre et assister à l'office.

Le Père Bonaventure, ce capucin autrefois homme

du monde, docteur en médecine et maintenant aumônier de notre ambulance, a su trouver des paroles émues mais fermes, qui ont donné du courage.

Pauvres blessés ! combien peu verront le jour de l'an prochain !

A neuf heures, les chirurgiens sont venus faire leur visite habituelle, et, les soins une fois donnés, les ordres prescrits, ils ont eu un mot encourageant pour chaque occupant de nos lits.

La neige tombe de nouveau et s'amoncelle sur celle déjà durcie des jours précédents. C'est une calamité qui vient s'ajouter aux autres.

Tout est difficile comme circulation d'abord; puis le transport même des objets matériels de première nécessité devient presque impossible, on tombe à chaque pas. Les chevaux? il n'y en a plus pour le service des habitants, alors c'est souvent aux bras débiles des éclopés restés en ville que nous devons confier le soin de porter des fardeaux trop lourds qui tombent dans la neige, et dont il faut ramasser les débris qui s'entourent de glace presque instantanément.

Ce n'est pas assez dire que ce rude hiver peut être comparé à celui de 1829, c'est à celui de 1812 qu'il fait penser.

On nous offre du bois, du charbon; mais le moyen de nous le faire apporter ? Plus rien, plus personne ! On nous dit qu'à Paris on souffre non seulement de la faim, mais qu'il n'y a plus de combustible. Ils sont alors encore plus malheureux que nous.

2 janvier.

Les mouvements de l'armée, réunie autour de Besançon, se trouvent entravés par la rigueur extrême de la température. On sait, maintenant, que cette armée a pour mission de débloquer Belfort ; qu'elle doit se concentrer et attaquer l'ennemi le plus vite possible. Elle arrive du bassin de la Loire, se compose des 15e, 18e, 20e et 24e corps, et aura pour commandant en chef Bourbaki, qui nous arrive de l'armée du Nord, où il se croyait appelé pour mener une série d'opérations militaires. Mais, tout à coup, il a reçu l'ordre de prendre le commandement du 18e corps, et de remettre la région du Nord au général Farre.

C'est un vrai coup de foudre qui l'a atteint et qui nous vaut son arrivée. C'est une bonne nouvelle pour nous que le choix de cet officier général ; sa grande situation dans l'armée, sa nature ardente nous permettent d'espérer qu'il sera à la hauteur des difficultés qu'il aura à vaincre. Bourbaki n'est pas un inconnu pour nous, et l'espoir renaît: il a commandé à Besançon pendant plusieurs années et a su se concilier les sympathies de toute la population; on connaît son ardeur, son intrépidité au feu et sa facilité à électriser le soldat; on sait qu'en Afrique, en Crimée, en Italie, partout il a prodigué sa vie. On veut croire à la victoire. Mais que d'inquiétude pourtant! L'ennemi a abandonné la Haute-Saône; il continue son mouvement sur la Lizaine, et c'est là qu'il paraît se concentrer.

4 janvier.

Le général Rolland se multiplie, et on dirait qu'il a le don d'ubiquité. On le voit partout et il voit tout, il sait tout; dort-il? On se le demande. En tout cas, il ne se couche pas. Quand on va lui remettre une dépêche importante ou le prévenir d'un événement, c'est lui qui reçoit, à quelque heure de la nuit qu'on se présente. Toujours botté, éperonné, sans la moindre pose. Le jour, il circule sur les remparts, dans les forts; quoique médiocre cavalier, il parcourt à cheval la campagne aux alentours, presque sans escorte. Par sa grande énergie il a réussi à rétablir la discipline, et il a annoncé que jamais il ne rendrait la place. Il marche armé de pistolets à sa ceinture, et on sait qu'au besoin il n'hésiterait pas à s'en servir.

En voici un exemple :

Il y a quelques jours, une vingtaine de lanciers placés en éclaireurs en avant de Cussey tournent bride à la vue de quelques uhlans et regagnent au galop Besançon, où ils arrivent vers sept heures du soir. Le général en est informé et veut les forcer à retourner à l'ennemi. L'un d'eux résiste et profère même une injure : Rolland prend son pistolet et fait feu sur lui. L'homme tombe à ses pieds ; il n'était que blessé à l'oreille, et le général fut le premier à se réjouir d'avoir pu montrer, sans conséquences graves, sa résolution de se faire obéir. Il ne fallait pas se laisser effrayer par ses brusqueries de langage surtout. Il avait des expressions de loup de mer et des roulements de tonnerre dans la voix qui auraient fait reculer les plus audacieux, si on ne s'était déjà plusieurs fois aperçu que sous cette rude enveloppe il y avait un cœur d'or et une sensibilité exquise. Il n'était plus jeune et le paraissait encore moins. On ne savait rien de lui, sinon que c'était un brave marin ayant de beaux états de service. Il avait cinquante ans et venait, paraît-il, de se marier. Voici comment on l'apprit :

Un jeune officier de son état-major, marié depuis quelques semaines, reçut un ordre de départ. Immédiatement il alla trouver le général en se plaignant fort et les larmes aux yeux de cette nécessité, qui lui semblait cruelle.

« *Eh bien, moi est-ce que je me plains? Je me suis marié le jour même où j'ai reçu l'ordre de venir ici, je n'ai pas réclamé, je suis parti et j'ai laissé* « *ma poulette* ». *Faites comme moi.* »

6 janvier.

Baume-les-Dames a été attaqué hier. Les mobiles de Tarn-et-Garonne et la garde nationale ont bien résisté. L'ennemi s'est replié vers Rongemont, mais en ayant soin de rançonner sur sa route les villages de Verne, Autechaux et Romain. Une autre colonne ennemie a lancé une grande quantité d'obus sur Clerval; plusieurs maisons ont été endommagées.

L'armée entière a passé ces jours-ci, marchant sur Belfort. Il y a environ cent mille hommes.

7 janvier.

Les *Vengeurs de la mort* et leur chef Malicki ont passé à l'étranger. Comme on avait raison d'accorder peu de confiance à ces prétendus auxiliaires!

Le 1er janvier, cette troupe occupait Glay; Malicki était à Blamont et de là envoyait l'ordre au capitaine Darcy de se porter entre Croix et Abbevillers avec tout le corps des *Vengeurs*, ajoutant qu'il serait à leur tête le lendemain à sept heures du matin.

Le capitaine Darcy se trouva en présence de l'ennemi et ouvrit le feu dès l'aube contre les Allemands, qui se bornèrent à maintenir leurs positions au lieu de se porter en avant. Mais le capitaine Darcy, ne voyant pas paraître le chef Malicki, manquant de cartouches et craignant d'être cerné (il était midi), fit part de ses craintes aux officiers des *Vengeurs*. Alors presque tous s'enfuirent vers la Suisse, en abandonnant vingt officiers et deux cents hommes de troupe. Cette fuite n'était pas motivée, puisque l'ennemi se repliait aussi, ne laissant tout juste que le nombre d'hommes nécessaire pour garder ses positions.

Pendant ces heures de cruelle attente de la part du capitaine Darcy, Malicki se sauvait lui-même en Suisse par Porrentruy, après s'être débarrassé de ses quatre officiers d'ordonnance en les envoyant dans quatre directions différentes. Il emportait avec lui vingt mille francs, sur les trois cent mille que lui avait confiés M. Andrieux et dont il ne rendit jamais compte. A Porrentruy, il eut soin de quitter son costume de *Vengeur*, et comme il se trouva quelques instants après en présence de son porte-drapeau, pour expliquer sa fuite il lui dit :

« *Je rentre en France par Genève, pour rendre compte au ministre de la guerre* de la trahison *dont mon corps a été victime de la part des mobiles, qui ont lâché pied sans combattre.* »

Le général Rolland les avait bien jugés lorsqu'il disait :

« *On m'a envoyé des écuyers de cirque et non pas des soldats*[1]. »

Aujourd'hui quelques journaux de la région, reproduisant un article du *Jura* de Porrentruy, annoncent que le « corps du génie des Vengeurs a subi les plus grandes pertes ; que le chef du génie, un millionnaire, a été tué ». Or le chef du génie ne s'est point montré. Elles ajoutent, ces feuilles mal informées, que, « harassés de fatigue, ayant faim, les braves *Vengeurs* se sont battus comme des lions ; que la Suisse cherchera à adoucir les peines de ces vaillants mais malheureux soldats. »

Et voilà comment on écrit l'histoire !

---

[1] Malicki fut du reste condamné, le 13 septembre 1871, à vingt ans de travaux forcés pour désertion, provocation à la désertion et vol de fonds.

9 janvier.

Décidément les Prussiens s'attaquent à Clerval. Ils ont bombardé sérieusement et Clerval et l'Isle-sur-le-Doubs. Quelques personnes ont été tuées; beaucoup sont blessées, et l'incendie a dévoré plusieurs maisons. Ces Allemands, au nombre de cinq cents, étaient arrivés par la route de Villersexel. Ils commencèrent par tirer des coups de fusil sur les mobiles se trouvant à l'entrée de l'Isle; les mobiles ripostèrent, et alors les Prussiens répondirent par des coups de canon.

11 janvier.

Avant-hier, les armées se sont rencontrées à Villersexel au moment où nos troupes marchaient sur Belfort. C'est le 18e et le 20e corps qui ont pris part à la lutte. Elle a été terrible. Le bourg a été pris, perdu et repris. Bourbaki y a fait des prodiges de valeur. Les généraux Clinchant et Billot ont enlevé les positions avec un entrain remarquable.

La lutte au château de Villersexel a duré toute la nuit. Les Prussiens s'y étaient retranchés, nos obus français l'ont détruit; beaucoup d'Allemands ont péri sous les décombres. Ceux qui fuyaient ont été fusillés à bout portant par nos soldats.

Ce château appartenait à la famille de Gramont ; il était rempli d'objets d'art, tout a été incendié.

La victoire nous reste, et nos troupes ont couché sur le champ de bataille de Villersexel.

Si les cent vingt mille hommes commandés par Bourbaki pouvaient débloquer Belfort et chasser devant eux Werder, la France pourrait peut-être encore être sauvée.

Voici la dépêche que Bourbaki a adressée hier, à 2 heures 20 du matin, au ministre de la Guerre à Bordeaux :

« *L'armée a exécuté, hier 9, le mouvement ordonné.*

« *Le général Clinchant a enlevé avec un entrain remarquable Villersexel ; le général Billot a occupé Esprel et s'y est maintenu. Nous sommes maîtres de nos positions. Tous les ordres sont donnés pour répondre convenablement à une attaque de l'ennemi si elle venait à se produire, ou pour prendre telle autre position que les circonstances rendraient nécessaire. Je vous adresserai ultérieurement un rapport sur cette affaire, qui fait honneur à nos armes, et qui permet de concevoir des espérances, malgré la rigueur de la saison et les difficultés de ravitaillement.* »

15 janvier.

Nouveaux combats devant Héricourt. Durant trois jours, la lutte a été vigoureuse de part et d'autre ; mais l'absence de vivres avait épuisé les plus vaillants des nôtres, et les commandants de corps d'armée, consultés par Bourbaki, furent tous d'avis qu'on devait se retirer. La retraite commença donc d'abord sur Besançon, puis sur Pontarlier. On assure que quatorze mille Prussiens ont été mis hors de combat à Villersexel, Arcey et Héricourt.

CHAPITRE VII

La retraite de Bourbaki sur Besançon. — Quinze mille malades et blessés. — Pénurie des secours. — Horribles misères. — Mortalité effrayante. — Élan généreux de la population. — Une lettre du commandant de l'artillerie du 16e corps.

16 janvier.

Le froid et la maladie font de grands vides parmi l'ennemi et chez les nôtres, qui nous arrivent, hélas ! dans un état navrant et dont peuvent juger seulement ceux qui les voient. Le raconter semble impossible, et tout ce qu'on peut imaginer est au-dessous de la réalité.

Dans les vastes cours du quartier de cavalerie Saint-Paul, on avait construit quinze immenses baraques devant contenir chacune cent cinquante hommes. Des planches surélevées et de la paille, c'était tout.

Mais on ne se préoccupait à ce moment que d'établir un campement pour des hommes valides devant y séjourner à peine.

Et voilà que nous nous trouvons en présence d'une suite non interrompue de convois, amenant une file sans fin de blessés et de malades...

L'hôpital et ses cours, galeries, jardins, sont encombrés de blessés et de malades ; tous les établissements quels qu'ils soient, même l'asile des fous et les prisons, sont occupés par les malades qu'on y a entassés. Le directeur de la prison, les sœurs hospitalières, les médecins, l'aumônier, les surveillants, tous en un mot ont rivalisé de zèle pour assurer aux malheureux confiés à leur sollicitude les soins, les soulagements et les consolations que réclamaient leurs souffrances ; les prisonniers eux-mêmes ont voulu participer à l'œuvre de patriotisme et de charité qui s'accomplissait sous leurs yeux.

L'asile d'aliénés de Belvaux a reçu, pour sa part, plus de soixante varioleux et en tout hospitalisa mille neuf cent quatre-vingt-cinq malades. La comtesse de Vezet et moi sommes allées souvent constater quels bons soins ils recevaient. Cette maison départementale s'est imposé une dépense de douze mille francs, sans compter tous les emprunts faits à son matériel.

Les maisons des habitants sont non seulement occupées, mais débordent de soldats; les trottoirs eux-mêmes n'ont plus un autre aspect que des salles d'agonisants à ciel ouvert. La neige est par place rougie par le sang des blessés qu'on débarque des charrettes ou des cacolets ; c'est un spectacle terrifiant. Peu de cris, des plaintes sourdes ou déjà le silence de la mort.

Cet envahissement subit, nous surprenant dans des proportions que nul ne pouvait prévoir, fait que, perdus dans les cours de ce quartier de cavalerie, les coins les plus sordides et les plus reculés se trouvent pris d'assaut.

Il en est résulté la misère sous toutes ses formes et dans l'acception la plus complète. Pas la moindre possibilité d'avoir de l'eau chaude pour laver les plaies de ces milliers d'hommes. Aucun aliment, rien, rien ! 22 degrés de froid, la neige partout obstruant l'entrée des baraques, lesquelles dans les premières vingt-quatre heures renfermèrent autant de morts que de vivants. Les habitants de ce faubourg Saint-Paul se hâtèrent pourtant d'apporter des arrosoirs, des seaux et des marmites d'eau bouillante ; mais en très peu d'instants la congélation avait fait son œuvre, et nous nous trouvions en présence de ce cauchemar affreux : ne rien pouvoir faire pour adoucir les souffrances dernières de ceux qui expiraient, ne pas pouvoir soutenir ceux qui avaient un reste de vie et qu'on pouvait encore sauver !

Tirailleurs algériens vêtus de simple toile blanche, zouaves, légion étrangère, cavaliers de toute arme, artilleurs, tout était pêle-mêle. Mobiles du Rhône, des Alpes, légion d'Antibes. Enfin cent quatre-vingt-quatre varioleux repoussants comme aspect et odeur *sui generis* réunis, ou plutôt parqués dans la même baraque, sur laquelle on avait mis à la craie: *Défense d'entrer.*

Mais alors c'était le tombeau muré déjà pour ces malheureux ! Résolument nous y avons pénétré et avons distribué à ces infortunés quelques gorgées de bouillon chaud, que nous n'avions obtenu que la veille, mais que la Providence, sous la forme du brave général Rolland, nous permit enfin d'avoir à notre disposition pour la fin du second jour.

Dans la matinée, Rolland, qui allait partout, arriva à neuf heures, la physionomie contractée, l'air mécontent. Il était accompagné du commandant Cornillot, de l'état-major. Je sortais d'une baraque avec un arrosoir d'eau à chaque bras, et j'essayais de franchir un amoncellement de cadavres obstruant la porte qui, de ce fait, ne se fermait plus; ils s'étaient, pour mourir, jetés les uns sur les autres... Ce que voyant, le général, en cinglant l'air de sa cravache, s'écria :

« *Ils sont donc tous morts! alors il n'y a plus rien à faire.*

— *Non*, lui répondis-je, *il y a encore des vivants aujourd'hui; mais demain ils seront morts de faim et de froid.*

— *Ah!* dit Rolland, *vos vivants sont des traînards, et je vais vous montrer comment on les traite. Ils fuient les combats pour se faire gâter par les cœurs sensibles, par vous, mesdames; vous allez les voir tous prendre le bon chemin, attendez un peu.* »

Tout cela dit sur un ton rude, qui m'exaspérait et m'indignait. Puis alors, entrant dans une baraque et se trouvant en présence d'une trentaine de cadavres entassés, il fit mine de ne rien voir et se rendit tout droit et l'air menaçant vers ceux qui, couchés sur les planches, faisaient quelques mouvements.

« *Allons, levez-vous, marchez et surtout soignez vos camarades plus atteints; et puis ne devenez pas des rosses et des traînards d'hôpital.*

— *Quel hôpital?* m'écriai-je à mon tour. *Mais ne voyez-vous donc pas, général, qu'il n'y a ni feu, ni lits, ni pain, ni linge, ni eau chaude, rien, rien! Ah! ce n'est pas ici qu'ils peuvent se faire gâter.*

Ceux qui sont immobilisés, regardez-les, ils ont les membres gelés, ils sont comme des baudruches; beaucoup ont déjà la gangrène ! »

Il continua sa visite dans chaque baraque : même spectacle, même misère. Sa cravache s'arrêta et ne cingla plus!... Le silence fit place aux exhortations et aux durs reproches. Il partit alors vivement, sans un mot, et gagna, toujours à pied et très rapidement, la sortie de cet enfer, dont le spectacle est inoubliable. Arrivé à la grille, il fondit en larmes, et, comme affaissé sous le poids d'une douleur immense, il dit au commandant qui l'accompagnait :

« *Quelle horreur ! J'ai fait plus que mes forces... J'ai cru ranimer les courages défaillants, et j'ai voulu me montrer énergique; mais je n'en puis plus. Jamais je n'ai rien vu de pareil. Venez avec moi à la division, je vais vous donner ma solde que j'ai touchée hier; vous allez la rapporter à ces dames. Avec ces deux mille francs elles feront installer un fourneau sans le moindre retard, elles achèteront des marmites pour faire cuire quelques aliments possibles, du bouillon, des tisanes. Moi, je vais conserver deux cents francs, cela me suffit. J'ai le cœur brisé.* »

Une heure après ses désirs étaient exécutés, et dans l'après-midi le service des secours fonctionnait déjà.

Mais combien peu furent sauvés ! Quelques-uns revinrent à la vie et, recueillis par des habitants charitables, achevèrent de s'y rétablir ; pour cela il fallait attendre un vide fait par la mort,... et alors, en hâte, nous transportions le convalescent pour occuper la place du camarade décédé.

J'ai vu, dans ces baraques, un jeune et beau garçon ayant les deux pieds gelés (depuis il s'est remis). Il appartenait à une riche famille lyonnaise et avait, dans ses poches, plusieurs billets de mille francs. Mais il succombait quand même à la misère, exténué de faim, de souffrances cruelles et couvert de poux qui se promenaient sur lui et sur sa belle barbe comme les fourmis autour d'une fourmilière.

Voilà ce qui se passait dans les faubourgs. Que dirai-je du coup d'œil qu'offraient les rues de la Préfecture, Saint-Vincent, la rue Neuve ?

Partout des soldats couchés, autant que possible adossés aux murailles et serrés les uns contre les autres, agonisant !

On pouvait voir quelques prêtres dévoués et entre autres l'abbé Echenoz, aumônier militaire, allant de l'un à l'autre en suivant les rangées de moribonds, leur disant quelques paroles de paix et d'espérance, les bénissant, les administrant en hâte.

Pour ranimer ceux qui s'éteignaient avant qu'il pût arriver à eux, il priait les personnes présentes d'allumer à leurs pieds une petite flamme de paille ;... puis il courait à eux avec le zèle et le cœur d'un apôtre.

Autant de centaines de cadavres enlevés ensuite par les voitures réquisitionnées, non ensevelis bien entendu, pas même couverts... et emportés ainsi au cimetière.

Tout cela, je l'ai vu !

La misère atteignait aussi les chevaux. Plus rien pour les nourrir ; on les trouvait errants et isolés sur les promenades, mangeant le tronc des arbres, même les brancards des charrettes et enfin se mangeant réciproquement la queue !

On nous assurait que les sous-sols, que les magasins militaires de la ville étaient encombrés de provisions de toute sorte, de vêtements, de couvertures, de peaux de mouton. Et cependant nos blessés mouraient de faim et de froid, et on ne distribuait rien, absolument rien ! Certes, la mort sur le champ de bataille est douce comparativement à celle qui atteint dans de telles conditions des malheureux qui n'ont, pour atténuer leurs souffrances, ni l'ardeur du combat, ni le côté chevaleresque de la lutte avec l'ennemi.

Leur ennemi, ici, c'est le froid, la faim, la maladie.

Ah! si les conquérants, si même les auteurs de la guerre pouvaient assister à toutes ces calamités; s'ils voyaient ce que nous voyons, s'ils entendaient ces cris de douleur, ou si même, arrêtés un instant, ils considéraient ces visages mornes, résignés dans le tableau navrant où nous sommes, pas un, pas un seul ne voudrait assumer une telle responsabilité! Résignés, oh! oui, ils le sont, mais de cette résignation douloureuse qu'engendre la souffrance et qui ôte jusqu'au sentiment de la conservation. Pauvres soldats de France!

Notre rôle à nous est de consoler, de prodiguer des encouragements, de stimuler ceux dont l'inertie ne nous semble pas justifiée par leur état physique. Le meilleur palliatif aux grandes douleurs est de s'oublier soi-même, pour alléger les souffrances des autres.

A chaque jour suffit sa peine, n'approfondissons pas trop ce que demain nous réserve ; il pourrait s'ensuivre des défaillances auxquelles nous ne devons pas nous laisser aller. Toujours debout! Haut les cœurs ! Voilà notre devise.

Beaucoup de faits seraient à citer pour témoigner de l'élan généreux qui partait de toutes les classes de la société. Des femmes d'ouvriers des faubourgs, attirées par le récit de tant de souffrances, arrivaient avec dans leurs bras des vêtements chauds empruntés à leurs maris, à leurs fils. Quelques-unes traversaient la ville pour se joindre à nous et apportaient des marmites remplies de tisanes chaudes au départ, mais qui nous arrivaient en blocs de glace. L'intention était touchante, et j'admirais, émue au delà de ce que je puis dire, ces modestes, ces inconnues, qui n'espéraient ni une récompense ni le bruit de la réclame, et qui, rentrées chez elles, avaient à pourvoir au besoin de leurs familles et à affronter de nouvelles fatigues, de nouvelles difficultés.

A nous, au moins, notre condition sociale nous assure un peu de repos; notre fortune nous permet de nous procurer du bien-être, et, lorsque nous rentrons au foyer, nous trouvons des serviteurs. Notre mérite est moindre, et c'est vers ce peuple et ces humbles que doit se porter l'admiration. Notre grande peine, nos vives souffrances, c'est de ne pouvoir faire plus, soulager davantage. Le spectacle navrant de ces misères sans nom, voilà le plus cruel supplice qui nous soit imposé.

16 janvier.

La lettre suivante du colonel d'artillerie de Noüe m'arrive après onze jours de voyage. Je la transcris *in extenso*.

« Armée de la Loire, 16ᵉ corps d'armée.
État-major de l'artillerie.

« Le Mans, 5 janvier 1871.

« Chère madame,

« Avez-vous jamais reçu la lettre que je vous ai adressée de Saint-Pennery-la-Colombe, pour vous remercier de la vôtre? J'en doute. Car nous touchions à cette période agitée qui a bouleversé tous les services, et je n'ai pas eu de nouvelles des lettres que j'ai écrites à ce dernier moment.

« Je tiens cependant à ce que vous sachiez que j'ai été assez poli pour vous répondre. Vous devez bien deviner, n'est-ce pas? que le souvenir d'une femme amie est un rayon de soleil dans le ciel nuageux d'un homme qui guerroie.

« Et j'espère que vous me jugez assez appréciateur des bonnes choses pour avoir dégusté à petites gorgées le plaisir que vous m'avez fait.

« Cependant je n'ai jamais reçu de vous que cette lettre, arrivée dans les derniers jours de novembre, et je ne sache pas que ma femme ait été plus heureuse que moi.

« Lorsque je vous ai répondu, nos bottes étaient graissées

et j'étais tout prêt à monter à baudet... Hélas ! nous avions l'espoir d'obtenir un résultat plus satisfaisant, et nous pensions bien un peu qu'il nous serait donné de toucher aux portes de Paris.

« Mais n'allez pas croire pour cela que nous ayons toujours été battus à plate couture. Le plus souvent nous avons maintenu nos positions dans ces combats journaliers qui ont marqué les dix premiers jours de décembre. Plusieurs fois même nous avons conquis des positions, et si finalement nous avons reculé, c'est que nous ne devions pas nous laisser couper de Vendôme d'abord et du Mans ensuite.

« Voilà l'histoire vraie de mes luttes de décembre. Soyez certaine que nous avons tué plus de Prussiens qu'ils ne nous ont tué de monde, et que leur nouvel appel de landsturm en est la conséquence.

J'espère que cette assurance fera palpiter d'aise votre cœur de bonne Française, au même degré que je palpite moi-même.

« J'ai des nouvelles fort irrégulières de Mme de Noüe; elle et mes enfants sont à Dusseldorf auprès de mon frère, fait prisonnier à Metz.

« Mes parents sont enfermés à Paris; les premiers ballons m'en apportaient régulièrement des nouvelles; mais voilà longtemps que je suis privé de ce bonheur.

« Quant à votre serviteur, vous aurez sans doute appris par les journaux son heureuse étoile.

« Promu lieutenant-colonel à la mi-octobre, j'ai été nommé colonel le 10 décembre, et l'on m'a donné le *commandement de l'artillerie du 16ᵉ corps,* qu'avait avant moi le général Marcy. C'est là que j'espère encore recevoir de vos nouvelles, et avoir la preuve que vous n'oubliez pas vos amis.

« Veuillez, je vous prie, chère madame, agréer mes hommages, ainsi que madame votre mère, et transmettre toutes mes amitiés à votre mari.

« Votre très dévoué serviteur,

« L. DE NOUE[1]. »

[1] Mort général de brigade.

CHAPITRE VIII

Silence inquiétant du quartier général. — Bruits alarmants. — Retraite de l'armée de Bourbaki; ses dépêches au Gouvernement. — L'armée se dirige sur la Suisse. — L'ennemi cherche à investir Besançon. — Le cercle se resserre. — Les portes de la ville sont fermées. — Tentative de suicide du général Bourbaki. — Son départ pour la Suisse sous le nom de M. Adam. — Fac-similé de son passeport.

16 janvier.

Le château de Montbéliard demeure au pouvoir de l'ennemi; la ville est seule occupée.

Chaque village coûte un combat. On parle d'un corps venant de l'armée du prince Frédéric-Charles pour renforcer Werder et de Trescow. Ce serait une bien grave complication, et la levée du siège de Belfort deviendrait alors douteuse.

19 janvier.

Le quartier général garde le silence. Attend-il que ses mouvements aient complètement réussi avant de publier les résultats obtenus?

Les bruits les plus divers circulent : d'après les uns, Bourbaki battrait en retraite; d'après les autres, il se serait replié en arrière pour opérer un simple changement de front.

20 janvier.

Hélas! c'est bien la retraite. Une proclamation, affichée ce matin, annonce notre nouvel échec et la retraite de l'armée de l'Est.

C'est le 15 janvier que Bourbaki aurait rencontré l'armée ennemie ayant son centre sur Héricourt, l'aile gauche s'étendant du côté de la frontière suisse et l'aile droite du côté des Vosges. Protégé sur son front par la Lizaine, défendu par une nombreuse artillerie, Werder devait se borner à se maintenir sans songer à attaquer. C'est ce qu'il fit, et Bourbaki serait venu échouer devant les lignes de défense habilement préparées.

L'ennemi aurait gardé ses positions et aurait même conservé le château de Montbéliard, fortifié et garni de canons.

Le 16, l'attaque aurait recommencé : c'est sur Héricourt et Béthoncourt que Bourbaki aurait dirigé tous ses efforts; mais, là encore, l'ennemi se trouvait protégé par les maisons, par la rivière, par les murs du cimetière, par le talus du chemin de fer. La neige et le dégel gênaient, de plus, nos troupes dans leurs mouvements. L'élan de l'armée devait se briser contre des obstacles matériels, et ce n'est que dans le village de Chênebier, qui menaçait notre gauche et qui fut enlevé par nous, que la victoire nous resta.

Le 17, la lutte aurait continué autour de ce même village de Chênebier et se serait terminée à notre avantage; mais Béthoncourt et Chargey auraient résisté. Croyant à l'impossibilité de percer les lignes ennemies, frappé du découragement de ses troupes, craignant que les communications ne fussent interceptées, Bourbaki aurait ordonné la retraite. Lorsque ce brave et infortuné général arriva à Besançon, il n'y trouva pas les approvisionnements promis, tout faisait défaut, et il en fut profondément affecté. Depuis sa sortie de Metz, le général paraissait ébranlé au moral et au physique; mais il déployait, malgré, tout une énergie à laquelle ses ennemis même ont rendu hommage. Le mauvais état de son armée, l'impitoyable fatalité qui semblait traverser ses projets les plus sages, la conscience de son impuissance à triompher d'obstacles insurmontables achevèrent de l'abattre.

Il faut ajouter à cela la conduite inqualifiable du Gouvernement de la Défense à l'égard d'un homme resté suspect, parce qu'on le soupçonnait de bonapartisme, en dépit de son loyal et constant dévouement à la patrie et à l'armée.

Ce qui mit le comble à son désespoir, ce fût d'être entravé par plusieurs de ses chefs de corps, qui communiquaient avec le ministre et recevaient des ordres directs, auxquels Bourbaki était étranger.

21 janvier.

Plus de journaux de Lyon depuis deux jours. Des éclaireurs prussiens sont signalés aux environs de Dôle et de Mouchard, et il est à craindre que la ligne de Lyon soit coupée.

On quitte Besançon en masse; les femmes, les enfants, les malingres, tous ceux qui ne peuvent pas prendre part à la défense et qui redoutent un siège probable, se hâtent de gagner la Suisse. On voit passer des charrettes, des voitures de toute sorte chargées de meubles, de provisions, d'objets de toute nature.

C'est un spectacle impressionnant, un tableau saisissant, que rendent encore plus lugubre le ciel neigeux, le silence morne de ces rues où défilent ces convois d'émigrants.

22 janvier.

Bourbaki a adressé au Gouvernement une dépêche où il annonce, avec une mâle franchise, l'insuccès de ses attaques et les causes de son échec :

« *Nous avons eu devant nous, dit-il, un ennemi nombreux, pourvu d'une formidable artillerie. Des renforts lui ont été envoyés de tous côtés. Il a pu, grâce à ces conditions favorables comme à la valeur des positions qu'il occupait, aux obstacles existant à notre arrivée ou créés par lui depuis, résister à tous nos efforts; mais il a subi des pertes sérieuses. Le temps est aussi mauvais que possible. Nos convois nous suivent difficilement. En dehors des pertes causées par le feu de l'ennemi, le froid, la neige et le bivouac dans des conditions exceptionnelles ont causé de grandes souffrances.* »

La retraite s'accomplit avec lenteur. Aujourd'hui un énorme convoi d'artillerie, précédé par des régiments de dragons, de hussards et de lanciers, a traversé Besançon et est sorti par la porte de Beure pour gagner Lyon.

La journée entière a été employée à ce défilé et à

celui des voitures suivant l'armée. On appelle cela une « retraite »; mais qu'est-ce alors qu'une déroute? La plupart des cavaliers étaient à pied; les dragons avaient des bonnets de coton, d'autres des cache-nez leur enveloppant la tête, les uns des sabots, les autres les pieds ficelés dans des journaux. Des fantassins avec des casques ou des portions de coiffures quelconques. Le tout ramassé n'importe où et devant les protéger contre les rigueurs de la température.

Au milieu de tout cela, des caissons d'artillerie, des voitures de cantiniers, d'ambulance, des troupeaux de vaches, de chèvres. J'ai vu ce spectacle lamentable pendant peu d'instants, mais il a duré seize heures! Il est inoubliable!

23 janvier.

Toute la matinée, on entendait en outre très distinctement le canon du côté de Saint-Vit, et, dans la soirée, on a su qu'un train parti vers midi de la gare avait été canonné au moment où il était arrivé à la station de Byans. Ce train, par lequel nous avions fait évacuer plusieurs de nos blessés et malades des ambulances; ce train, qui portait l'emblème de la croix de Genève, a été bombardé sans merci! Deux de nos blessés qui partaient en convalescence y ont été tués, et plusieurs autres nous sont revenus grièvement blessés. N'est-ce pas navrant, après les avoir si bien soignés et les avoir cru sauvés ?

De plus, ce mouvement de l'ennemi sur Byans indique la volonté d'investir Besançon et d'y renfermer l'armée. Certaines gens disent : « Ce sera un autre Sedan, » tenant peu de compte des différences entre une armée rejetée dans une ville le soir d'une bataille perdue et une armée en retraite, mais qui n'a point été entamée.

Ce pourrait être un autre Metz, car la famine pourrait nous réduire ; mais les forces prussiennes ne suffisent pas à investir Besançon et à empêcher, surtout dans les premiers moments, qu'on ne puisse faire partir tout ce qu'on jugera à propos de renvoyer, et sans doute nous conserverons un vaste périmètre tout autour de la place.

Les glacis sont encore encombrés de voitures, malgré les départs qui ont été effectués hier. Des mobiles y font leurs feux et y sont installés. Dans les terrains voisins, il y a de la cavalerie et de l'artillerie.

En ville, un mouvement énorme de soldats débandés, de malades, cherchant vainement à s'abriter ; on les envoie d'une ambulance dans une autre. Les habitants remplissent leurs maisons au delà du possible.

Pas un coin qui ne soit occupé. Le surplus reste dehors en s'appuyant aux murs, silencieux, mourant de faim et de froid. Quel douloureux spectacle!

Au milieu de la chaussée circulent quelques chariots remplis d'hommes, les uns morts, les autres mourants. Et plus de place nulle part!

24 janvier.

Hier soir à neuf heures, rentrant chez moi, j'ai heurté un corps sur le trottoir, près de l'église Notre-Dame. En me baissant, j'ai constaté que le pauvre soldat vivait encore. Il m'a dit ne souffrir de rien que de la soif et de la faim. J'ai essayé de le soulever; mais seule, dans cette rue déserte, non éclairée, dans un amoncellement de neige, je me désespérais, quand l'idée me vint d'aller chez M. le curé de Notre-Dame, demeurant tout près de là. Malgré l'heure avancée, malgré son grand âge, ce vénérable prêtre vint avec moi; la servante s'y mit aussi, et à nous trois nous enlevâmes le malheureux, qui fut installé dans la salle à manger du presbytère, contenant déjà un grand nombre de camarades. Là, réchauffé, réconforté, il nous raconta son odyssée; je me réjouissais déjà d'avoir sauvé un homme! Je partis tranquille.

Le lendemain, j'appris qu'il était mort à minuit dans une suffocation !

Il y a bien, il est vrai, quelques traînards dans ce nombre : des non-combattants, des faux malades, des gens auxquels manque le moral; mais ils ne constituent qu'une faible exception.

25 janvier.

L'ennemi continue son mouvement d'investissement à douze kilomètres de la ville, ce qui lui demande beaucoup de troupes et l'expose à de grandes pertes.

Bourbaki espère encore, sinon le succès, du moins une retraite facile pour son armée, et rien ne lui paraît compromis.

L'ennemi a, il est vrai, traversé le Doubs à Fraisans et à Dampierre et s'est établi vers Byans, Abbans-Dessus et Quingey. Il occupe aussi la route et le chemin de fer de Besançon à Lyon, coupant ainsi à l'armée de l'Est toute communication; mais il reste à Bourbaki la possibilité de se maintenir sur les plateaux du Jura.

Ce plateau est une véritable et immense forteresse, présentant plusieurs enceintes successives. Il a jusqu'alors échappé à l'invasion, et on peut y trouver de nombreuses ressources en fourrages et en bétail.

Adossé à la Suisse, il reçoit par ce pays neutre ce qui peut manquer en vivres. Aussi Bourbaki a de suite donné les ordres nécessaires pour établir une ligne de défense partant du plateau de Blamont, passant à Pont-des-Moulins et qui, appuyée sur la rivière du Doubs, sur la place de Besançon et sur le plateau de Busy, doit se continuer par les hauteurs dominant la vallée du Lison, par Salins, Pont-d'Héry et Andelot jusqu'aux plateaux les plus élevés du Jura.

D'après les instructions du général en chef, le 24ᵉ corps, commandé par le général Bressoles, est chargé d'occuper la ligne de défense du mont Lomont, la droite de ses troupes placée au plateau de Blamont, la gauche au défilé de Pont-des-Moulins, en face de Baume-les-Dames.

Le 15ᵉ corps, sous les ordres du général Martineau, ayant sa droite sur le plateau de Busy lui-même, s'étend sur la rive droite de la Loue et sur les positions dominant les défilés du Lison jusqu'à Salins.

La division Cremer doit prendre position au sud-est de Salins.

Le 20ᵉ corps, commandé par le général Clinchant, doit appuyer sa droite à la même position, son centre près de Champagnole et sa gauche jusqu'aux défilés de la haute montagne, avec la vallée de l'Ain comme ligne de défense.

Le 18ᵉ corps, confié au général Billot, et la réserve générale de l'armée, commandée par le général Pallu de la Barrière, doivent se tenir au centre des plateaux pour maintenir les communications, assurer les services des réquisitions et des transports.

Enfin les troupes de la défense mobile de Besançon et cette place elle-même doivent couvrir toute la portion de la vallée du Doubs depuis le défilé de Pont-des-Moulins jusqu'au plateau de Busy, entre le Doubs et la Lone.

Depuis quelques jours, les mesures son prises par Bourbaki. Le 18ᵉ corps a pu se reposer dans son cantonnement de la banlieue de Besançon et doit se mettre en mouvement, traverser la ville ce soir et prendre position sur le plateau en arrière, de manière à attaquer la division prussienne demain matin 26, en ayant soin d'occuper avec sa droite le point dominant de Côtebrune, tandis que sur Dammemarie une division cherchera à prendre position à Silley, qui commande le défilé de Pont-des-Moulins, afin de fermer ainsi toute retraite à l'ennemi.

En même temps, le général Bressoles, commandant le 24ᵉ corps, occupera les positions du mont Lomont et pourra occuper sur les derrières la position prussienne, que le général Billot attaquera en face avec le 18ᵉ corps.

Il paraît que, avant-hier, pendant que notre armée de l'Est se dirigeait sur Pontarlier, le général Rébillard, commandant la 2ᵉ division du 15ᵉ corps, a rencontré les Allemands à Busy, entre le Doubs et la Loue, qui barre l'accès des plateaux. Nous avions bien entendu le canon, sans nous rendre exactement compte de ce qui pouvait se passer si près de nous pourtant.

L'ennemi attaqua avec vigueur la 1ʳᵉ division; mais Busy avait été mis en état de défense sous la direction des officiers de l'état-major de Besançon, et, grâce à ses travaux et au courage de nos troupes, l'ennemi fut deux fois repoussé.

Les Allemands ont perdu là trois mille hommes, ce qui est considérable pour un combat aussi peu important. Plusieurs de leurs blessés ont été transportés à Besançon et sont encore venus grossir le chiffre énorme de ceux que nous avions déjà. Les décès seuls nous donnent des places!

A cette affaire de Busy, il y avait sous le drapeau français cinq cents Irlandais qui, en souvenir des liens qui ont si longtemps uni la France à l'Irlande, ont voulu, à l'heure du danger, nous donner une preuve de sympathie en venant combattre pour nous. Beaucoup furent grièvement blessés; j'en ai soigné plusieurs. Tous étaient doux, polis et très reconnaissants.

L'ennemi nous entoure de toutes parts : Cussey, Audeux, Byans, Saint-Vit, Baume-les-Dames, Roulans, Aïssey.

26 janvier.

Encore des masses de troupes qui traversent la ville et passent par la *porte Taillée*, gagnant la montagne.

D'immenses convois suivent les colonnes, marchant dans la direction de Pontarlier et de Salins. Le 24ᵉ corps, chargé de garder le Lomont, a été attaqué par trente mille Allemands et a demandé des secours.

L'armée a pris alors la route de Gennes pour soutenir le corps engagé et entraver la marche de l'ennemi au-dessus du Doubs, sur la côte qui domine cette rivière. On entendait le canon de deux directions opposées : du côté de Salins et du côté de Baume.

On a envoyé à la garde nationale l'indication de

ses positions de combat sur les remparts. Chaque bataillon et chaque compagnie savent le point qu'ils doivent garder. Ordre est affiché de se munir de cartouches, même aux exercices. Les portes de la ville ne s'ouvrent qu'à sept heures du matin et se ferment à huit heures du soir.

Après nos journées, si remplies par les soins et la surveillance dans nos ambulances, lorsque le soir nous rentrons au foyer, nous nous sentons angoissées plus qu'à un autre moment du jour.

Après avoir visité chaque lit des salles auxquelles nous sommes affectées, après y avoir laissé quelques bonnes paroles et beaucoup de recommandations à celles d'entre nous qui sont chargées du service de nuit, très puissamment secondées par les sœurs, nous nous retirons silencieusement. Les lumières éteintes et remplacées par des veilleuses, nous regagnons doucement notre « chez nous », redoutant les nouvelles, ayant l'effroi des récits qui nous attendent.

Tout le jour nous échappons, par les soins multiples qui nous absorbent, à ce qui nous ressaisit le soir.

Plusieurs officiers, connus dans des temps heureux et que les hasards de la guerre avaient amenés près de nous, se souvenaient et venaient le soir, après neuf heures, chercher et apporter des nouvelles. De ce nombre était un brave ami, le comte de Loverdo, ancien sous-préfet, ami personnel par son père du général Bourbaki, qui l'avait attaché à son état-major. Lui et plusieurs autres venaient passer une heure tous les soirs et, en nous quittant, disaient :

« *A demain peut-être ?* »

La soirée du 26 se passa solitairement, par exception, ce qui me fit supposer que quelque chose d'anormal s'était produit.

A minuit, réveil bruyant.

26-27 janvier.

Agitation du concierge, des domestiques, colloques, insistance pour entrer d'urgence... C'était le marquis de Massa, attaché lui aussi à l'état-major de Bourbaki, qui venait nous annoncer la *tentative de suicide de Bourbaki* et qui, au plus vite, demandait un passeport pour la Suisse au nom de M. Adam, lui permettant de franchir les lignes prussiennes.

Le marquis de Massa présenta à mon mari la lettre dont voici la copie.

« Le général commandant la 7ᵉ division militaire prie

M. le Préfet du Doubs[1] de faire délivrer, ce soir même, un passeport comme simple particulier se rendant en Suisse à M. de Massa, qui est chargé d'une mission importante et très urgente.

« Besançon, le 26 janvier.

« Le chef d'État-major,

« E. DE BIGOT. »

De son côté, le comte de Loverdo écrivait ceci également à mon mari :

« Mon cher ami,

« Le général s'est décidé à partir et s'en va par la Suisse sous le nom de M. Adam, nom de famille de Mme Bourbaki.

« Voulez-vous avoir la bonté de lui faire faire un passeport à l'étranger (Suisse) ?

PASSEPORT

M. Adam (Léon), propriétaire, demeurant à Besançon.
Natif de Pau.
Agé de 54 ans.
Taille 1 mètre 67.
Front haut.
Cheveux blonds.
Barbe grisonnante.
Nez long.

---

[1] Mon mari avait à ce moment la délégation comme préfet.

Bouche ordinaire.
Menton,   id.
Visage long.
Yeux noirs.
Voyageant avec Mme Adam.

« Je voudrais aussi un passeport à l'intérieur pour le domestique du général, qui se rend à Nancy et qui a laissé tous ses papiers à Metz.

Vigneron Joseph.
Agé de 45 ans.
Natif de Saint-Nicolas-du-Port (Meurthe).
Demeurant à Besançon.
Se rendant à Lenoncourt (Meurthe).
Taille 1 mètre 66.
Cheveux noirs.
Barbe noire.
Yeux noirs.
Nez ordinaire.
Bouche moyenne.
Menton ordinaire.
Visage ovale.
Teint brun.

« Je serais bien aise si vous aviez la bonté de me remettre ces deux pièces tout à l'heure, lorsque j'irai vous dire adieu.

« Merci d'avance et tout à vous.

« G. DE LOVERDO. »

Les choses s'arrangèrent vite ; tout fut prêt à temps et, à l'ouverture des portes de la ville, le marquis de Massa put franchir les lignes ennemies, emmenant le malheureux général à Genève auprès de Mme Bourbaki.

Par lui et tandis qu'on préparait les papiers nécessaires, je connus les détails de cette défaillance morale du commandant en chef de l'armée de l'Est.

L'acte de désespoir auquel il avait cédé avait été précédé d'une crise d'exaltation succédant aux douleurs les plus poignantes, les plus vives qu'une âme d'élite pût ressentir comme soldat et comme Français.

A huit heures du soir, il avait tenté de se brûler la cervelle avec un revolver; mais la balle, heureusement, glissa sur l'os frontal et n'y fit qu'une blessure peu grave.

J'avais appris, la veille de cet accident, que le général avait trouvé dans son courrier une lettre non signée, d'une écriture de femme. Cette lettre contenait un sacré Cœur en drap rouge, comme la foi chrétienne en répandait beaucoup à cette époque douloureuse. La légende inscrite était celle-ci :

« *Arrête! le cœur de Jésus est là!* »

La lettre disait ceci :

« *Courage! général, on pense à vous, on prie pour vous. Acceptez le gage de notre foi, et que ce sacré Cœur vous protège. Mais pour cela portez-le sur vous; nous vous en supplions en vous assurant encore de notre vive sympathie.* »

On dit que le général un instant fut ému, mais il ne fit rien sur le moment. Peu d'instants après il plaça lui-même le sacré Cœur dans son képi, entre la coiffe et le bandeau.

Le soir même, il se tira la balle qui contourna la tête sans la fracasser.

La ville tout entière fut consternée à cette nouvelle, et ce fut un sentiment de douleur et de pitié qui accueillit le récit de cette lugubre soirée.

Le cardinal Mathieu, archevêque de Besançon, accourut aussitôt au domicile du général et, lui prenant la main, lui dit :

« *Allons, général, désormais nous prendrons un chemin plus sûr pour aller en paradis.* »

L'infortuné Bourbaki pleura en serrant avec attendrissement les deux mains du vénérable prélat.

Si on veut examiner un instant avec impartialité toutes les circonstances qui ont précédé cet acte de désespoir, si on récapitule même une faible partie de ce qu'ont dû être ses souffrances morales, on doit tout excuser.

Que de vaines promesses lui avaient été faites, lorsqu'on lui a retiré le commandement en chef de l'armée du Nord pour l'envoyer à Besançon ! Il devait trouver tout, et tout lui a manqué : vivres, munitions en petite quantité, l'armée mal vêtue, déjà épuisée par de longues marches et cédant à la rigueur d'une température analogue à celle de la campagne de Russie.

De ce fait, l'effectif très diminué, la nécessité d'abandonner Belfort, le spectacle des troupes en retraite aurait découragé quiconque eût été à sa place.

Ne sentait-il pas que, comme bien d'autres généraux, il verrait son insuccès transformé en trahison ?

Il est certainement regrettable de donner à l'armée déjà démoralisée un exemple de pareille défaillance, mais qui osera le blâmer ?

Sur la demande de Bourbaki, Clinchant prendra le commandement.

Lorsque Bourbaki avait appris que sa ligne de retraite était coupée, il s'était écrié :

« *S'il m'arrive malheur, je désigne le général Clinchant comme mon successeur.* »

On le dit du reste capable : espérons qu'il aura la force de continuer la lutte.

En se dirigeant sur Montbéliard et Belfort, Bourbaki avait reçu du ministre la promesse que les lignes de retraite de son armée ne seraient point abandonnées aux entreprises de l'ennemi. Lorsque cette armée commençait à se former, Garibaldi se trouvait à Autun avec quinze mille hommes, et le général Cremer à Dôle, à Beaune, avec vingt mille. Le général von Werder gardait la ligne de Châtillon-sur-Seine, Dijon, Gray, Vesoul et Montbéliard.

Prévenu que Bourbaki songeait à débloquer Belfort, à reconquérir l'Alsace et à couper ses communications, Werder dut abandonner Dijon et se concentrer à Vesoul. C'est alors que Garibaldi vint s'établir dans la capitale de la Côte-d'Or. Mais en même temps Manteuffel marchait sur le Doubs pour porter un prompt secours à Werder, concentré sur Nuits-sous-Ravière et Châtillon ; ses colonnes traversaient la Bourgogne et arrivaient bientôt à Fontaine-Française, Dampierre et jusqu'à Gray et Scey-sur-Saône.

Si l'on en croit les hommes compétents, c'était alors pour Garibaldi le moment de sortir de son inaction et de porter à Bourbaki un secours efficace.

Il eût dû se diriger sur Auxonne, où il eût été

soutenu par les troupes françaises, puis sur Dôle, et il aurait pu ainsi empêcher l'ennemi de s'emparer de cette dernière ville et du chemin de fer de Salins à Lons-le-Saunier. Mais Garibaldi ne tenta même pas et se borna, quelques jours après, le 21 janvier, à repousser à Dijon une attaque de l'arrière-garde de Manteuffel. Dôle, le val d'Amour, la forêt de Chaux, les bords de la rivière de l'Ognon et de la Sorène furent inondés de Prussiens, sans même que le grand patriote parût se douter de la tactique allemande. La retraite de Bourbaki devint alors nécessaire.

28 janvier.

L'armée, la pauvre armée de l'Est, a gagné Pontarlier, où les Prussiens l'enveloppent. C'est du reste en prévision d'une catastrophe résultant de la démoralisation des troupes que Bourbaki avait ordonné cette marche sur les montagnes. Il devait y recevoir des vivres par la Suisse et tenter de gagner Lyon par le haut Jura.

Clinchant pourra-t-il exécuter ce mouvement ?

On n'imagine pas le nombre de traînards, de malades, de gens démoralisés qui suivent l'armée, la retardent, et sont incapables de résister au froid et de marcher sur des routes encombrées de neige. Cette retraite restera gravée en traits effrayants et sinistres dans le souvenir de ceux qui en ont été les témoins, qui ont assisté au spectacle de ces misères, de ces souffrances, de ces épuisements, de ces morts!

CHAPITRE IX

Ce que laisse à Besançon l'armée de l'Est. — Lutte courageuse des habitants et leur dévouement. — Quelques réflexions rétrospectives. — Gambetta dissout toutes les ligues.

On a pu croire indifférents certains mondains, qui semblaient fuir ces spectacles lamentables. Mais, sans se faire connaître et presque dans le mystère, ils nous envoyaient beaucoup.

J'ai vu aussi renouveler en quelque sorte l'acte charitable de saint Martin.

Le comte Fernand de Buisseret[1], l'arbitre des élégances et du confort, est plusieurs fois venu nous aider. Un certain jour, en plein air, hélas ! j'essayais de réchauffer les membres glacés d'un pauvre turco vêtu de toile. M. de Buisseret vint à passer, vit mes efforts inutiles, et d'un beau geste, enlevant un riche et chaud pardessus, le donna à mon turco; puis, m'aidant à le lui mettre, car il était inerte ce

[1] Il est mort depuis quelques années.

malheureux enfant du désert, il se déroba à mes remerciements en me disant :

« *En voilà toujours un qui souffrira moins. Je n'ai aucun mérite, moi, je vais rentrer en prendre un autre !* »

Tout le monde n'a pas secouru sous la même forme, mais bien peu sont restés insensibles. On dit qu'il y en a eu ?... Je ne les connais pas et ne veux pas les connaître.

Les chevaux épuisés, errants, encombrent les rues ; des chariots dételés, les autres renversés forment des barricades. Sur les routes, même spectacle plus navrant, plus impressionnant encore en raison des accumulations de neige.

Nos ennemis, eux, sont nombreux, forts et encore alertes ; ils cernent nos fuyards et les gagnent de vitesse ; ils empêchent le transport de nos blessés hors de leur portée. Nos pauvres malades et blessés ! Ils n'en peuvent plus, en effet. Les guérisons que nous obtenions au début tenaient en partie à ce que les tempéraments n'étaient pas encore épuisés comme ils le sont maintenant. Ils tenaient surtout à ce que nos salles, nos baraquements même n'étaient pas infectés comme ils le sont aujourd'hui. Tout est contaminé, empoisonné, et les chirurgiens ne nous laissent plus d'espoir pour les malheureux entassés que nous cherchons encore à disputer à la mort.

Nous-mêmes, nous sommes tellement imprégnées de tous ces miasmes, que nous nous en apercevons, ce qui ne se produit pas d'ordinaire quand on vit dans un milieu où tout s'atténue par l'endurance et l'habitude. Nous avons dû supprimer, comme vêtements personnels, tout ce qui est lainage, fourrure. Toile et taffetas noir nous habillent, comme moins susceptibles d'être infectés. Mais, au degré où nous en sommes, tout est devenu inutile comme préservation.

De même nous ne devions mettre que des blessés dans certaines ambulances et des maladies contagieuses dans d'autres. Tout semblait, au début, pouvoir se faire avec méthode. Ah! il n'a pas fallu longtemps pour s'apercevoir que les règlements, les théories, les programmes ne sont plus rien et sont inapplicables dans des circonstances comme celles que nous traversons.

La lutte pour soulager ceux qui souffrent, voilà la seule chose possible quand on est pris au dépourvu, quand on comptait recevoir dans la ville six cents convalescents au maximum, et que tout à coup on se trouve en présence de quinze mille blessés et malades!

En ce moment, la variole noire, le typhus, la diphtérie, les fièvres pernicieuses, les pneumonies, la dysenterie, les résorptions purulentes s'ajoutent aux amputations et aux gangrènes.

29 janvier.

On assure que le 17 janvier la victoire aurait pu être à nous, si nous avions fait un effort de plus. Voici comment :

Le 17, la journée commença par le combat de Chênebier. Le 16 au matin, le village était au pouvoir de l'ennemi, qui menaçait la gauche de l'armée de Bourbaki, lorsque le 18ᵉ corps reçut l'ordre de s'emparer de ce point redoutable. Les généraux Billot et Cremer, ainsi que l'amiral Penhoat, furent chargés de l'attaque; officiers et soldats firent leur devoir, comprenant que ces journées des 16 et 17 janvier décideraient du sort du pays. L'ennemi fut abordé à la baïonnette et se retira dans la forêt, battant en retraite sur Echavanne. Le soir, les troupes françaises couchèrent à Chênebier. Mais, pendant la nuit, l'ennemi veillait; il se glissa sans bruit, malgré les grand'gardes, jusque vers Chênebier, refoula à travers bois des régiments d'infanterie et des batteries d'artillerie. A quatre heures du matin, les grand'-gardes furent repoussées sur Chênebier, le village assailli de tous côtés, deux compagnies de mobiles furent écrasées; mais l'amiral Penhoat ramena ses troupes ébranlées, rétablit l'ordre et reprit l'offensive.

A dix heures, Chênebier était à nous.

On dit que toute l'armée aurait dû immédiatement se porter en avant, soit en tournant le mont Valbert, soit en franchissant la Lizaine. Le découragement s'était, assure-t-on, emparé des troupes ennemies; trois journées de luttes incessantes les avaient fatiguées et démoralisées; elles se disposaient à battre en retraite.

Ces bruits circulent avec persistance. S'il est vrai que Bourbaki ait hésité, l'attaque infructueuse de Chagey et d'Héricourt ont pu en effet agir sur son esprit. Et puis ses soldats étaient épuisés; depuis trois jours ils n'avaient eu ni repos, ni nourriture; tandis que Manteuffel arrivait avec des hommes dispos, bien nourris, qui n'avaient supporté aucune souffrance. La route de Lyon pouvait être coupée. Il savait que son armée serait sans appui. Il craignit un désastre et ordonna la retraite. Freycinet, dans son livre *la Guerre en province*, a certainement apprécié les causes de l'insuccès de la campagne de l'Est :

« *Les vraies causes, à mon sens, de l'échec sont au nombre de deux : 1° la lenteur et l'embarras des transports par chemin de fer ; 2° la rigueur de la saison. On se fait difficilement une idée, quand on n'a pas interrogé les témoins eux-mêmes, des souffrances et des obstacles apportés par l'hiver si exceptionnel de 1870-1871.*

« *Tous les mouvements par voie de terre en ont été ralentis ; beaucoup d'opérations stratégiques ont été empêchées ; un grand nombre de chemins praticables en temps ordinaire ont été absolument hors d'usage par suite des neiges ; enfin l'énergie des efforts a souvent aussi été paralysée par la souffrance physique des hommes et des chevaux.* »

30 janvier.

Le préfet, qui avait donné sa démission, l'a retirée ; sa situation devient vraiment difficile. Il a cru se dévouer pour son pays, et il est attaqué par tous les partis ; il n'aura recueilli qu'ennuis et déceptions.

Gambetta vient de dissoudre la « ligue de l'Est » et toutes les ligues et comités, à la grande surprise et à l'indignation des fondateurs, qui n'admettent pas qu'on ose toucher à cette organisation.

Voilà comment ils s'expriment à ce sujet :

« *L'homme qui, par ignorance ou par calcul, a empêché le groupement des patriotes dans les régions, aura bien certainement à rendre compte de cet étouffement de l'idée républicaine. Sa manière basse de sentir toutes les grandes choses est pour les ennemis une bien sérieuse garantie.* »

CHAPITRE X

Inaction coupable de Garibaldi. — Le roi Guillaume est proclamé empereur d'Allemagne au château de Versailles. — L'armistice. — Le Doubs, le Jura, la Haute-Saône, sont exceptés. — Les décès augmentent de plus en plus. — Le siège de Belfort continue. — Capitulation de Paris.

31 janvier.

Au sujet du rôle joué par Garibaldi, je veux rappeler ici en quels termes le *Journal de Genève* d'abord, puis le *Journal officiel de Berlin* ensuite, ont apprécié la conduite du *patriote italien*.

Le *Journal de Genève* écrivait ce qui suit :

« *De toutes les causes stratégiques qui ont transformé en un véritable désastre la retraite de l'armée de l'Est, la plus désastreusement efficace est la négligence vraiment incompréhensible avec laquelle les lignes de retraite de l'armée ont été abandonnées aux entreprises de l'ennemi.* »

Un corps d'environ cinquante mille hommes avait été laissé à Dijon pour arrêter au passage toutes les troupes arrivant de l'ouest et se dirigeant sur la ligne du Doubs. Au lieu de remplir ce mandat d'une importance capitale, l'armée de Dijon s'est laissé amuser pendant plusieurs jours par des corps d'observation qui se succédaient devant cette ville et offraient, sur toutes les lignes à la fois, des simulacres de bataille.

Pendant ce temps, le gros de l'armée du général Franceski passait sans être inquiété à quelques lieues au nord de Dijon, et venait s'emparer, sans coup férir, des positions les plus importantes : Dôle, Quingey, Vaudrey, Byans, Salins, Mouchard, Arbois, Poligny.

Si les cinquante mille hommes laissés à Dijon avaient rempli leur mission, l'armée de Bourbaki n'aurait pas trouvé, le 24 janvier, sa ligne de retraite coupée tout à la fois sur Dijon et sur Lyon.

Les petites victoires remportées dans la Côte-d'Or, et dont on a fait tant de bruit, ont coûté cher à l'armée française de l'Est. Nous serions bien trompés *si ce n'est pas là le jugement définitif de l'histoire.*

Le *Rapport du Journal officiel de Berlin* sur les opérations de Manteuffel est plus explicite encore.

« *Garibaldi*, porte ce rapport, *se croyant attaqué par des forces considérables de l'armée du Sud elle-*

même, persista dans son inactivité absolue et négligea de porter à l'armée de Bourbaki le secours qu'elle était assurément en droit d'attendre et qu'il était certainement en son pouvoir de lui donner. Si Garibaldi, ces jours-là, avait décidément marché sur nos communications dans la direction de Dôle, ce qui lui était facile avec l'appui d'Auxonne, les mouvements des 2ᵉ et 7ᵉ corps étaient certainement retardés de quelques jours, et les Français auraient eu le temps d'opérer la retraite sur Lyon le long de la Suisse.

« *Garibaldi ne fit rien, resta inactif dans Dijon et quitta cette ville sans résistance sérieuse, le 1ᵉʳ février, quand le lieutenant général Hann von Veyhern vint renforcer von Kettler.*

« *Garibaldi ramena par le chemin de fer ses troupes vers le sud, pour conserver à l'avenir de la France son activité victorieuse ; on ne manquera pas de lui rendre cet hommage de reconnaissance.* »

Enfin, le général Ducrot disait à la tribune de l'Assemblée nationale, le 10 mars 1871 :

« *Je produirai des télégrammes de Gambetta reprochant à Garibaldi son inaction dans un moment où elle a amené le désastre final.* »

En résumé, si ces appréciations sont exactes, la bonne volonté de Garibaldi dans cette guerre désastreuse ne saurait être mise en doute; mais son action n'a pas été utile à la France. On ne peut oublier qu'au parlement italien il a protesté contre l'annexion de la Savoie et de Nice, qu'il a du moins puissamment contribué, avec Victor-Emmanuel et Cavour, à créer cette unité italienne, cause première de nos malheurs, et qui a engendré l'unité allemande.

Lorsque la retraite sur Lyon eut été jugée impossible et que Clinchant eut décidé que l'armée se retirerait sur Pontarlier, le colonel de Bigot, chef d'état-major de la division de Besançon, insista pour que, dans l'intérêt de l'armée comme dans celui de la place, deux divisions fussent maintenues aux abords de la ville : l'une en avant, sur la rive droite du Doubs, dans les positions couvrant la banlieue; l'autre en arrière, sur la rive gauche de cette rivière, pour agir sur les plateaux. Clinchant y consentit, et il fut décidé qu'on laisserait sous les ordres du général Rolland :

La 1re division du 20e corps, commandée par le général Polignac, et la 2e division du 15e corps, commandée par le général Rébillard, que l'on ne pouvait d'ailleurs déplacer de Busy sans livrer passage aux Allemands.

L'ensemble de la garnison de Besançon et des

troupes de la défense mobile s'élève ainsi à quarante-deux mille hommes, sur lesquels il y a plus de douze mille blessés et malades, appartenant aux différents corps de l'armée de l'Est.

Sur les trente mille hommes à peu près valides, il y a dix mille mobilisés qui ne sont point en état de combattre, mais qui travaillent comme pionniers pour compléter les ouvrages de fortification passagère entrepris sur tous les points les plus importants des abords de la place.

1er février.

Bourbaki a demandé au ministre de la guerre sa mise en disponibité pour se retirer dans la Mayenne, où il désire vivre dans le silence, le calme et l'oubli.

Comme douleur suprême, nous apprenons que le roi Guillaume a été proclamé empereur d'Allemagne au château de Versailles !

Il est vrai que Napoléon Ier, lui aussi, a étalé sa dignité impériale dans les palais humiliés de Potsdam et de Schœnbrunn.

Que reste-t-il de Napoléon et de l'empire qu'il avait créé ?

2 février.

On a annoncé qu'un armistice était conclu. L'heure des illusions est passée : tout espoir de soutenir la guerre est perdu, les armées de la Loire ont échoué, Paris a capitulé.

L'*acte de décès* de la France serait-il sur le point de se signer?

Mais cet armistice, les Prussiens qui ont la force se sont refusés à l'exécuter dans l'Est, sous prétexte qu'il ne leur avait point été notifié par leur gouvernement. Ils prétendent que l'armistice fait une exception pour les opérations militaires dans les départements du Doubs, du Jura et de la Haute-Saône. S'il en est ainsi, pourquoi le télégramme officiel ne fait-il point connaître cette exception? Si à Versailles le Gouvernement n'a rien pu obtenir en faveur de nos régions déjà si éprouvées, si dévastées, il fallait en prévenir immédiatement. Cette omission aura pour nous des conséquences désastreuses.

Non seulement les hostilités se sont arrêtées de la part de l'armée française, mais le mouvement de retraite ne se continue plus.

A Pontarlier, dans les montagnes du Doubs, on a cru à un armistice, et comme Manteuffel a persisté à marcher en avant, il se peut que notre armée se trouve cernée par l'ennemi, acculée à la frontière suisse. Quelle responsabilité et quelle lourde faute de la part de ceux qui n'ont rien stipulé pour la Franche-Comté !

3 février.

Les Allemands pillent certains villages et en respectent d'autres. Deux mille hommes venant de Saules et de Chantrans, faisant leur jonction à Ornans, ont parcouru dans la matinée d'aujourd'hui la vallée de la Loue, sans y causer aucun dégât, sans laisser un traînard. Et ailleurs, deux escadrons de dragons français, qui avaient essayé d'aller à Lamain, ont dû rebrousser chemin parce que cette localité était au pouvoir de l'ennemi. Revenus sur Ornans, ils ont appris l'arrivée des Prussiens par cette ville et ont remonté la côte d'Echavanne de toute la vitesse de leurs chevaux pour se soustraire à la captivité.

Nos malades, nos blessés meurent en masse. Nous ne pouvons presque plus les sauver, parce que les tempéraments sont épuisés, parce que surtout nos salles sont contaminées par cette agglomération de malades, par l'infection qu'ils répandent et parce que depuis près de quatre mois l'envahissement a été grandissant, l'entassement prolongé. Le corps de santé s'en émeut, et plusieurs fois déjà il a été question, tant la mort fauche à grands coups, de procéder à la fermeture des ambulances par extinction. Mais alors, et tous les malades que nous envoient chaque jour les corps de troupe pour occuper les lits vides, devons-nous les repousser, et quel est le cœur qui pourrait rester fermé à tant d'infortunes? Nous nous trouvons pourtant aux prises avec cette cruelle nécessité, et c'est une réelle douleur.

Jamais on ne saura tout ce qu'on lit dans le regard de ces malheureux qui, comme suprême espérance, croyaient mourir en paix sous notre protection, entourés de nos soins tendres, leur ayant promis à chacun que nous écririons à leurs familles en leur disant tout ce qui les concerne, toutes les commissions dernières dont ils nous ont chargées.

Un pauvre petit engagé volontaire mourait hier soir entre mes bras; il eut la force de me dire :

« *Embrassez-moi pour ma mère, et puis vous lui direz, n'est-ce pas?...*

Ce fut sa dernière phrase.

Il avait dix-huit ans et était fils unique!

4 février.

On apprend chaque jour les fautes commises dans la marche sur Belfort. Le général Bourbaki voulait, dit-on, longer la frontière suisse et tourner ainsi les positions défensives de l'ennemi; mais ce plan n'aurait pas convenu à M. de Serres, placé à l'armée de l'Est pour imposer sa volonté au général[1].

---

[1] M. de Freycinet justifie M. de Serres de ces imputations formulées contre lui par l'opinion publique :

« Quelques personnes ont rejeté en partie la redoutable responsabilité de ces événements sur un jeune attaché au cabinet, M. de Serres, lequel accompagna le général Bourbaki pendant presque toute la campagne. On prétend qu'il imposait ses directions stratégiques à l'armée de l'Est et que le général en chef eut fort à souffrir de son intervention.

« Rien n'est moins exact; non seulement M. de Serres n'avait point à s'immiscer dans le commandement, mais nous lui signifiâmes d'en éviter avec grand soin jusqu'à l'apparence. C'est à ce point qu'ayant un jour fait passer une dépêche pour le compte de l'état-major du général Bourbaki, je lui écrivis aussitôt :

« Je vois une dépêche de vous au colonel Fischer. Je vous prie
« de vous abstenir de télégraphier en termes qui pourraient faire
« supposer que vous êtes pour quelque chose dans le commande-
« ment, etc. »

« Loin que le général Bourbaki ait eu à souffrir de la présence de M. de Serres, il n'a cessé jusqu'à la fin de réclamer son concours officieux, qu'il appréciait en termes tels, qu'à un moment où la présence du jeune ingénieur était nécessaire au bureau topographique, l'administration de la guerre dut ajourner son retour par condescendance pour le général. *Sa modestie, disait-il, égale son intelligence, et ses relations sont aussi sûres*

Cette note donne l'opinion de M. de Freycinet, et, sans parti pris, je fais connaître les opinions opposées. Voici, à la date du 10 janvier, la dépêche confidentielle que M. de Serres envoyait au ministre de la guerre :

« Bournel, 10 janvier 1871, 1 heure 40 du soir.

« De Serres à Guerre, Bordeaux ; confidentielle.

« J'ai étudié cette nuit, avec le général Bourbaki, toutes les mesures nécessaires pour préparer la bataille d'aujourd'hui, bataille que l'ennemi doit absolument livrer, quelles qu'en soient les conditions, s'il a conscience de sa situation par rapport à la nôtre. Toutes les dispositions sont arrêtées entre nous, et notre situation comme force et positions est beaucoup plus belle qu'hier, où l'ennemi avait tous avantages. Nous prendrons, s'il y a lieu, l'offensive. La lutte au château de Villersexel a duré toute la nuit. Le splendide château dominant toute la ville, refuge de quelques compagnies prussiennes, a été incendié par elles pour couvrir leur salut. Le général en chef, parti dès quatre heures du matin, est magnifique de vigueur, d'en-

---

qu'agréables. *Il rend de grands services à la première armée.* »
(11 janvier 1871.)
« J'ai déjà eu l'occasion de vous dire, répétait-il, combien le concours qu'il m'a prêté en toute circonstance m'est précieux. »
(18 janvier.)

train et d'élan. C'est à lui que revient incontestablement l'honneur de la journée, dont les premières heures écoulées en dehors de son action personnelle ont laissé à désirer. Il a enlevé les régiments déjà fatigués du 20e corps avec un élan irrésistible, et les a lancés dans Villersexel regorgeant d'ennemis. La position était à nous. Quant à ce que vous qualifiez de savantes manœuvres entre les deux groupes des forces ennemies, vous devez vous féliciter vous-même en n'oubliant pas que ce sont encore vos idées qui, par ma voie, ont collaboré à cette tâche. Je laisse au général, qui n'y manquera pas, le soin de le dire et de l'écrire. »

« De Serres. »

5 février.

On a attaqué de front les positions garnies d'artillerie, couvertes de forêts, protégées par des ravins et des cours d'eau ; les reconnaissances ont été si mal faites, que plusieurs régiments qui avaient reçu l'ordre de marcher de l'avant sont venus s'arrêter devant la petite rivière de la Lizaine, dont il semblait qu'on ignorât l'existence. Là, ils ont été décimés par l'artillerie prussienne. Le village de Champey a été canonné pendant une journée entière, sans qu'on se doutât qu'il ne renfermait pas un ennemi. C'est vers la fin du jour seulement qu'on eut l'idée d'aller reconnaître les lieux, et des officiers de cuirassiers envoyés à cet effet vinrent confirmer le dire des paysans, qui affirmaient qu'il n'y avait pas de Prussiens dans le village.

Vivres, munitions, tout manquait par suite d'un incroyable défaut de direction.

Nos fautes ont été partout déplorables et la cause de souffrances affreuses pour une armée qui ne pouvait ni se nourrir, ni résister, sans vêtements chauds, à un froid terrible. Aussi chacun parle-t-il de trahison, et les soldats y croient fermement.

M. le préfet du Doubs, un adjoint au maire et un officier de cavalerie délégué par le général Rolland, se sont rendus aujourd'hui au quartier général allemand.

Le général prussien leur a communiqué la copie textuelle du traité annoncé le 31 janvier. D'après ce traité, l'armistice de vingt et un jours comprend les armées de terre et de mer. Les lignes de démarcation sont déterminées en ce qui concerne les armées du Nord et de l'Ouest.

Le siège de Belfort continue. Paris a capitulé.

L'armée prussienne occupe les forts, sauf Vincennes.

La garnison est prisonnière de guerre, à l'exception de la garde nationale et de douze mille hommes de ligne.

Elle reste dans Paris pendant l'armistice.

La capitale paye deux cents millions. Le général Grumer a ajouté que, selon toute probabilité, les lignes respectives des armées belligérantes dans l'Est seraient fixées aujourd'hui, et qu'à partir de cette opération la circulation serait libre.

CHAPITRE XI

Exécution de l'armistice à Paris. — Prise de possession des forts. — Convocation d'une Assemblée nationale. — Circulaire de Gambetta. — Désaccord entre le préfet Ordinaire et le général Rolland. — Le préfet donne sa démission. — Le préfet reprend sa démission. — Le préfet est officiellement remplacé. — Notre armée jetée en Suisse. — Toujours les blessés et les morts. — Encore des explications sur les causes des revers de Bourbaki.

6 février.

L'exécution des arrangements conclus en vue de l'armistice commença le matin même. Soldats de la ligne, marins, chasseurs, compagnies du génie et de l'artillerie, quittèrent les forts, mornes et la tête baissée.

Un décret du 29 janvier convoquait les collèges électoraux à l'effet d'élire une Assemblée nationale pour le dimanche 5 février, dans le département de la Seine, et pour le mardi 8 février, dans les autres départements.

L'élection devait avoir lieu par départements au

scrutin de liste, conformément à la loi du 15 mars 1849.

Les députés étaient au nombre total de sept cent cinquante trois.

Peu de jours après, un décret rectificatif fixe au 8 les élections de Paris, par ces motifs que de nombreuses réclamations s'étaient élevées contre la brièveté du délai, et que le renvoi au 8 ne pouvait avoir d'inconvénient, puisqu'il n'aurait point pour effet de retarder la réunion de l'assemblée de Bordeaux.

Par d'autres décrets furent dissous tous les corps francs, éclaireurs, francs-tireurs, guérillas, etc., faisant partie de l'armée de Paris.

Les régiments de la garde nationale mobilisée, dits régiments de Paris, furent dissous ; les compagnies de guerre qui les composaient rentraient dans leurs bataillons respectifs.

Les lieutenants-colonels des régiments dissous conservèrent leurs grades et leurs insignes, jusqu'à une réorganisation de la garde nationale.

Les officiers de tout grade appartenant aux régiments de Paris devaient toucher à titre d'indemnité la solde due à leur grade, jusqu'au 1er mars 1871.

M. Jules Simon, ministre de l'Instruction publique, se rendait à Bordeaux pour s'entendre avec la délégation gouvernementale, assurer l'exécution de l'armistice et préparer la réunion de l'assemblée, tandis que le ministre des Affaires étrangères, le ministre des Travaux publics et les directeurs des principales compagnies de chemin de fer allaient de concert à Versailles, avec la commission des chemins de fer allemands, se concerter sur les moyens de faciliter le ravitaillement de Paris.

Le directeur général des postes, M. Rampont, dut s'entendre également avec les agents des postes allemandes, si méticuleux, que l'administrateur français n'obtint qu'après de longues discussions la faculté d'expédier chaque jour dix numéros des journaux de Paris dans les départements ; encore M. Rampont n'obtint-il cette concession qu'à la condition expresse que chaque éditeur enverrait en même temps, gratuitement, trois exemplaires à la recette des postes allemandes de Versailles.

Pour les hommes qui, dans les forts, dans la plaine, aux remparts, n'avaient reculé devant aucune fatigue, soldats, marins et gardes mobilisés, le général Le Flô, ministre de la guerre, rédigea un ordre du jour dans lequel il disait à ces braves défenseurs de Paris :

« *Aujourd'hui que des malheurs inouïs, que votre*

courage et vos sacrifices n'ont pu conjurer, vous ramènent dans son enceinte, de nouveaux devoirs, non moins sacrés que ceux que vous avez accomplis déjà, vous sont imposés: à tout prix vous devez donner à tous l'exemple de la discipline, de la bonne tenue, de l'obéissance. »

La délégation de Tours ne pouvait se dispenser de faire entendre sa voix. Ce fut non point pour se résigner à la transaction consommée, mais pour la désavouer, et pour émettre le vœu qu'il ne se trouverait pas un Français pour signer un *pacte infâme*.

Gambetta, dans sa circulaire du 31 janvier aux préfets et sous-préfets, prêcha la guerre à outrance après l'armistice; mais ses idées pouvaient-elles avoir le moindre fondement aux yeux de ceux qui connaissaient la position de nos armées?

Aussi grande fut la stupéfaction à Bordeaux lorsqu'une dépêche, arrivée le 25 janvier à dix heures du matin, fit connaître la résolution prise à la réunion du conseil de guerre siégeant à Château-Farine la veille, et où fut décidée la retraite de l'armée de l'Est sur Pontarlier.

Gambetta adressa coup sur coup deux dépêches au général Bourbaki. Voici la première :

« *Je suis tombé des nues, je l'avoue, à la lecture de*

votre dépêche, disait-il familièrement. *Sans avoir eu à livrer un seul combat nouveau, après avoir fait des mouvements à peine sensibles sur la carte, vous m'annoncez que votre armée est hors d'état de marcher et de combattre, qu'elle ne compte pas trente mille combattants, et vous n'avez d'autre solution que de vous diriger sur Pontarlier. Enfin, vous concluez par me demander mes instructions. Quelles instructions voulez-vous que je donne à un général en chef qui me déclare qu'il n'y a pas d'autre parti à prendre ?* »

Voici la deuxième dépêche, suivant de près la première :

« *Plus je réfléchis à votre projet de marcher sur Pontarlier, moins je le comprends. Je viens d'en parler avec les généraux du ministère, et leur étonnement égale le mien. N'y a-t-il point erreur de nom ? Pontarlier près de la Suisse ? Si c'est là en effet votre objectif, avez-vous envisagé les conséquences ? Avec quoi vivrez-vous ? Vous mourrez de faim certainement, vous serez obligé de capituler ou d'aller en Suisse. Car, pour vous échapper, je n'aperçois nul moyen. Partout vous trouverez l'ennemi devant vous. Le salut, j'en suis sûr, n'est que dans une des directions que j'ai indiquées, dussiez-vous laisser vos* impedimenta *derrière vous, et n'emmener avec vous que vos troupes valides. A tout prix il faut faire une trouée. Hors de là vous vous perdez.* »

Qui eût cru que pendant toutes ces combinaisons de défense et d'attaque, des négociations étaient entamées par le Gouvernement dit de la Défense nationale, pour demander à traiter des conditions d'un armistice?

Jules Favre partait pour Versailles, tandis que les obus pleuvaient sur le Val-de-Grâce, les Invalides et Montrouge.

Jules Favre se rendait auprès de Bismarck pour y arrêter les conventions d'armistice, prélude de la paix.

Les bases étaient que le Gouvernement de la Défense déposât ses pouvoirs entre les mains du président de l'Assemblée nationale, puis la convocation d'une nouvelle assemblée.

C'est le 30 janvier que fut signée la convention entre Bismarck, stipulant au nom de l'empereur d'Allemagne, roi de Prusse, et Jules Favre, ministre des Affaires étrangères, muni de pouvoirs réguliers.

Cet armistice avait pour but de permettre au Gouvernement de convoquer une Assemblée librement élue, qui se prononcerait sur la question de savoir si la guerre doit être continuée, ou à quelles conditions la paix doit être faite.

L'Assemblée devait se réunir à Bordeaux.

La Franche-Comté fut exceptée de l'armistice, sans que personne prît souci de l'annoncer.

Seules les armées du Nord et de Paris étaient comprises dans le traité. Bien plus, on sut plus tard que Bismarck, dans une note explicative qui lui fut demandée, dit très expressément que les hostilités continueraient devant Belfort et dans le Doubs, le Jura et la Haute-Saône.

On n'accorda pas même une suspension d'armes de trente-six heures, et c'est alors que le général Clinchant se vit dans la dure nécessité de franchir la frontière.

7 février.

Il y a divergence entre le préfet, M. Ordinaire, et le général Rolland. Ce dernier veut être maître d'employer les gardes mobiles aux travaux de terrassements destinés à fortifier la ville. Le préfet résiste; mais Gambetta approuve le général et dit avec raison que les mobilisés sont sous l'autorité militaire, et c'est juste.

Alors le préfet vient d'envoyer sa démission à Bordeaux.

Minuit.

Le préfet a repris sa démission et continue ses fonctions.

Ce soir, on apprend qu'il est officiellement remplacé ; cette décision est définitive, et M. Ordinaire part pour la Suisse avec sa femme. Elle a fait preuve de tête et de cœur en ce qui concerne les blessés, voici comment :

Cette nuit, à deux heures, on est venu me réveiller, me priant de descendre sans retard pour recevoir une communication de Mme Ordinaire, qui, me disait-on, m'attendait, tout encapuchonnée pour le départ, au bas du grand escalier de la préfecture. En hâte je descendis, fort surprise de cet appel ; car jamais je n'avais eu aucun rapport avec la préfète depuis quatre mois qu'elle occupait la préfecture. Aussitôt elle me dit vivement, et avec une allure très agitée, que son mari et elle allaient se réfugier en Suisse sur l'heure ; qu'elle voulait remettre entre mes mains et confier à mes soins les vingt-quatre blessés qu'elle avait recueillis et installés dans la salle du conseil général ; puis elle m'embrassa très affectueusement, me suppliant de veiller sur les malheureux qu'elle abandonnait. Elle me donna les clefs des provisions et du linge destinés à cette ambulance créée par elle et ajouta, en plus, tout l'argent qu'elle avait dans sa bourse personnelle pour payer certaines notes concernant les blessés. Puis elle m'embrassa encore, s'enveloppa dans une quantité de mantilles, couvertures, etc.

C'est ainsi qu'elle quitta la préfecture. Son mari avait lui-même rédigé et signé leur passeport!

8 février.

Le nouveau préfet est Regnault, ingénieur des tabacs à Bordeaux, bon et brave homme, très fin sous une enveloppe épaisse et vulgaire, n'ayant pas quarante ans, père de six enfants, ami personnel de M. Laurier, qui venait de le nommer à ce poste de préfet et de l'expédier en ballon vers Besançon.

Ayant atterri à quelques kilomètres de la ville, il fit une entrée piteuse, précédé d'un paysan couvert de boue, poussant une brouette sur laquelle était la valise de M. le préfet!

9 février.

Une partie de notre armée a traversé la frontière suisse aux Verrières, à Jougne et à Fourgs, cent mille hommes et trente-cinq batteries d'artillerie !

L'armistice, publié le 29 janvier, n'est point en vigueur pour les départements de l'Est. Les communications postales, la circulation des voyageurs, tout est arrêté !

Le siège de Belfort continue, et notre armée, malgré l'armistice, a été jetée en Suisse !

Est-ce bien croyable qu'on nous traite ainsi et que les puissances, jadis nos alliées, laissent tout faire sans élever la moindre protestation ?

10 février.

Les cours du lycée sont transformées en ambulances, mais... quelles ambulances ! De mauvaises baraques ouvertes de tous côtés, et là souffrent plus de neuf mille hommes ! fièvres typhoïdes, membres gelés, pneumonies, c'est affreux ! Nous recommençons le martyrologe de la déroute de Bourbaki !

12 février.

Il nous revient des détails navrants sur l'entrée en Suisse de notre armée. La fatigue, la faim, la misère sans nom, officiers et soldats marchaient ensemble, sans distinctions de grades ni de régiments,... et leurs larmes se confondaient quand ils remettaient leurs armes aux officiers de l'armée suisse.

14 février.

On parle de licencier nos ambulances, tellement contaminées que nous ne pouvons plus obtenir une seule guérison. Les salles se vident; chaque jour, de nombreux décès font des places que les autorités militaires se refusent à laisser occuper par les malheureux baraqués au lycée.

15 février.

On veut évacuer à l'hôpital mixte nos derniers blessés, je puis dire nos enfants, tant nous les avons soignés, surveillés et disputés à la mort. Ils pleurent à la pensée de nous quitter,... et moi je pleure de les voir partir! Demain on va venir nous enlever ceux qui sont transportables; je leur ai promis d'aller chaque jour les voir, et j'ai en effet obtenu de la supérieure de l'hôpital cette suprême faveur.

Je me sens désemparée, notre rôle va finir. Plus de dépenses de forces, d'énergie, de courage pour en donner aux autres. A quoi bon maintenant? Plus rien que le souvenir de ces jours vécus en commun avec les mêmes angoisses, les mêmes douleurs morales.

Je verrai mourir ces jours-ci les « condamnés » qu'on nous laisse encore, ceux qu'on ne peut transporter.

Un par un, ils nous quitteront pour aller au champ de repos !

Et quant à ceux qu'on évacue sur l'hôpital, combien peu en sortiront vivants !

16 février.

Le bruit public attribuait le revers de Bourbaki au changement de son plan primitif: le temps a confirmé cette appréciation.

L'armée allemande occupait sur la rive gauche de la Lizaine, affluent du Doubs, des positions naturellement très fortes, et que le génie avait rendues plus fortes encore par de nombreux travaux de terrassement. Sa ligne s'étendait de Chagey à Montbéliard, avec un développement de douze kilomètres. Elle était protégée par le torrent de la Lizaine, courant dans une vallée étroite où se trouvent les villages de Chagey, Luze, Saint-Valbert, Bussurel, Béthoncourt et les villes de Montbéliard et d'Héricourt.

Dans cette situation, une attaque isolée sur le front de l'armée ennemie avait peu de chance de succès. Aussi Bourbaki songeait-il, tout en attaquant l'ennemi sur la Lizaine, à soutenir cette attaque principale au moyen d'une diversion tentée par les plateaux de Blamont et de Croix.

Vingt-cinq mille hommes partant de ces plateaux, occupant relativement aux Allemands des positions dominantes, devaient infailliblement repousser l'armée prussienne sur la vallée de l'Allaine, atteindre le plateau de Dombernon, tourner l'ennemi et compromettre une partie de ses communications. L'attaque de front, faite par cent mille hommes, pouvait alors réussir.

Des ordres furent donnés pour l'exécution de ce plan. C'est ainsi que la 1re division du 15e corps, qui était en route sur Besançon, devait continuer jusqu'à Clerval, passer de là sur la rive gauche du Doubs, afin de se diriger de ce point sur Pont-de-Roide et sur le plateau de Blamont.

Les troupes devaient être renforcées par le corps franc du colonel Bourras (mille cinq cents hommes), par les trois bataillons du lieutenant colonel Bousson (deux mille cinq cents hommes), par le 54ᵉ régiment de garde mobile du Doubs (deux mille cinq cents hommes), par des compagnies franches et par des mobilisés (mille hommes), en tout vingt-deux mille hommes.

Malheureusement, après le départ de Bourbaki de Besançon, les ordres furent modifiés : au lieu de la 1ʳᵉ division du 15ᵉ corps, la brigade Minot marcha seule sur Pont-de-Roide et Blamont; elle y arrivait, lorsque survint l'ordre, daté du quartier général d'Aibre, du 11 janvier, de rétrograder sur Clerval et de repasser sur la rive droite du Doubs, pour se rendre à Onans, sur la route de Clerval à Héricourt. Sept mille hommes furent ainsi chargés d'exécuter la diversion projetée.

Les Allemands purent, sans danger, s'affaiblir le long de l'Allaine pour résister à l'attaque principale, qui, durant quatre jours, fut dirigée sur leurs lignes de Montbéliard à Chênebier. Ce plan d'attaque par Blamont et Croix avait été soumis au ministre, et devait être attribué au colonel de Bigot.

Il paraît probable, en effet, que Bourbaki, ayant

à opérer dans un pays qui lui était peu connu, a dû profiter des lumières d'un officier supérieur appartenant à la province, ayant, dès le début de la campagne, préparé sur les plateaux du Doubs les opérations militaires[1].

La retraite de notre armée sur Pontarlier aurait présenté, dit-on, le plus affligeant spectacle. La déroute était telle, que de nombreux détachements, arrivant dans cette ville, ne savaient où se trouvaient leurs régiments : de là, des marches et contre-marches qui augmentaient encore leur fatigue. Quelques soldats, qui étaient depuis plusieurs jours sans solde ni vivres, se seraient tués de désespoir.

Des chariots, des bagages ont dû être abandonnés dans les fossés, faute d'animaux de trait.

Les routes étaient encombrées de chevaux morts ou agonisants, succombant sous la triple étreinte de la fatigue, de la faim et d'un froid de 15 degrés. Certains avaient la croupe pelée par la dent de leurs compagnons. La plupart n'avaient même pas été ferrés à glace, en sorte que ces chevaux tombaient souvent les uns sur les autres ou les uns dans

---

[1] Appréciation de *la République et la Guerre,* par M. Estignard, ancien député du Doubs.

les autres sur des routes montueuses, couvertes de neige, de glace ou de verglas.

17 février.

Le général Rolland est allé aujourd'hui, avec une escorte de cavalerie, aux avant-postes prussiens pour régler autour de Besançon la ligne d'armistice qui doit donner à la ville dix kilomètres neutralisés. Mais on ne sait si ces distances seront comptées des ouvrages avancés ou des remparts de la ville.

CHAPITRE XII

Proclamation du général Clinchant aux troupes de l'armée de l'Est. — Derniers combats : Pontarlier. — Le fort de Joux. — La Cluse et le fort Larmont héroïquement défendus. — Derniers efforts de l'arrière-garde. — Gambetta veut continuer la guerre.

Le général Clinchant, qui avait succédé à Bourbaki dans le commandement de l'armée de l'Est, avait cru longtemps que l'armistice devait profiter à son armée. Lorsqu'il fut informé de la véritable situation, il n'hésita pas à passer en Suisse en opposant à l'ennemi une vigoureuse résistance.

Le 31 janvier, il adressait à ses soldats la proclamation suivante :

« *Soldats de l'armée de l'Est, il y a peu d'heures encore, j'avais l'espoir, j'avais même la certitude de vous conserver à la Défense nationale.*

« *Notre passage jusqu'à Lyon était assuré à travers les montagnes du Jura. Une fatale erreur nous a fait une situation dont je ne veux pas vous laisser ignorer la gravité.*

« *Tandis que notre croyance en l'armistice qui nous avait été notifié et confirmé à plusieurs reprises par notre Gouvernement nous recommandait l'immobilité, les colonnes ennemies continuaient leur marche, s'emparaient des défilés déjà entre nos mains et coupaient nos lignes de retraite.*

« *Il est trop tard aujourd'hui pour accomplir l'œuvre interrompue ; nous sommes entourés par des forces supérieures, mais je ne veux livrer à la Prusse ni un homme, ni un canon. Nous irons demander à la neutralité suisse l'abri de son pavillon ; mais je compte dans cette retraite vers la frontière sur un sublime effort de votre part, défendons pied à pied les derniers échelons de nos montagnes, protégeons le défilé de notre artillerie, et ne nous retirons sur un sol hospitalier qu'après avoir sauvé notre matériel, nos munitions et nos convois.*

« *Soldats,*

« *Je compte sur votre énergie et sur votre ténacité.*
« *Il faut que la patrie sache que nous avons tous fait notre devoir jusqu'au bout, et que nous ne déposerons les armes que devant la fatalité.* »

Dans la journée, une députation des principaux

habitants de Pontarlier était venue auprès du général pour lui exposer que, sans succès probable, il exposerait la ville à l'incendie, au pillage et à toutes les calamités de la guerre; mais le général ne modifia point sa détermination.

Le 1ᵉʳ février, tout l'attirail de guerre qui se trouvait à Pontarlier prit la route de Suisse.

Les troupes cantonnées dans la ville et les environs se dirigèrent aussi sur la frontière, protégées par l'arrière-garde, que commandait le général Billot.

Dans la même journée, vers une heure, les Prussiens envahirent la ville et, sans s'y arrêter, se dirigèrent aussitôt vers les forts de Joux et du Larmont, ne croyant plus à la résistance de l'armée française et espérant qu'ils n'auraient même pas à combattre.

Ils suivaient la route et la voie ferrée, lorsqu'ils eurent à subir le feu de nos troupes, disposées en tirailleurs sur les coteaux. Cette attaque, qui leur fit éprouver des pertes considérables, ne ralentit guère leur marche. A quelque distance de Pontarlier, à un détour de la route, ils virent se dresser devant eux, sur des rochers abrupts et à peu près inaccessibles, les forts de Joux et du Larmont. Convaincus, d'après les rapports de leurs espions, que ces forts n'étaient point armés, ils continuèrent à s'avancer sur la Cluse. Mais il y avait, pour défendre le Larmont, un commandant nommé Ploton, qui s'y était enfermé avec la volonté de résister ou d'y mourir.

Dès que l'ennemi fut arrivé assez près des forts, les grosses pièces qui les garnissaient ouvrirent le feu, et la neige se couvrit de cadavres.

L'infanterie s'était en même temps placée dans une position d'arrière-garde, et, munie de mitrailleuses, défendit la Cluse avec la vigueur du désespoir.

L'ennemi dut soutenir une lutte acharnée dans les montagnes et sous bois, et se dirigea sur les Granges-Narboz pour s'élancer de là vers Jougne couper notre ligne de retraite.

Le combat de la Cluse fut le dernier effort de notre arrière-garde dans la campagne de l'Est; il dura jusqu'à la nuit et assura la retraite de l'armée.

Là tombèrent les dernières victimes de ce lugubre drame, commencé à Reischoffen.

Pendant plusieurs jours, du 1er au 9 février, les Prussiens s'acharnèrent à l'attaque du fort de Larmont, essayant tantôt de le tourner, tantôt de le surprendre. Vains efforts. Chaque soir ils rentraient à Pontarlier, décimés, désespérés, furieux.

Par un heureux stratagème, le génie, sous la

direction du chef de bataillon Petitmaître, avait construit d'immenses épaulements en neige qui masquaient les bastions placés à l'ouest du donjon de l'ancien manoir féodal, ce qui a trompé les Prussiens et les a empêchés de découvrir le point de départ du tir qui, dès le début, le 1ᵉʳ février, avait foudroyé au tournant de la Cluse leurs batteries d'artillerie.

17 février.

Gambetta continue à vouloir, à demander la continuation de la guerre, et il écrit ceci :

« *Ce qu'il faut à la France, c'est une assemblée qui veuille la guerre et qui soit décidée à tout pour la faire.*

« *Il faut la guerre à outrance, la résistance jusqu'à complet épuisement*[1]. »

---

[1] Circulaire aux préfets, sous-préfets et généraux (31 janvier 1871).

CHAPITRE XIII

Capitulation de Belfort. — Préliminaires de paix. — Signature de la paix. — Les communications se rétablissent peu à peu. — Négociations entre le général Rolland et le général allemand Keller. — Ce qu'était ce M. de Serres imposé par Gambetta au général Bourbaki pendant la campagne de l'Est et notamment lors des opérations devant Belfort. — Assassinat des généraux Lecomte et Clément-Thomas. — Proclamation de l'Assemblée nationale au peuple français. — Départ du général Rolland.

22 février.

Belfort a capitulé, par suite de l'armistice et sur l'ordre du Gouvernement français. Mais l'énergique résistance des assiégés leur a valu l'honneur de conditions qui n'avaient été accordées à aucune des places fortes prises par l'armée allemande. La garnison est sortie avec les honneurs de la guerre et a quitté la ville avec armes et bagages, emportant les papiers et les archives. Avant de quitter la ville, le colonel Denfert avait adressé aux habitants de Belfort la proclamation suivante :

« *Le Gouvernement de la Défense m'a donné, en vue*

des circonstances, l'ordre de rendre la place de Belfort. J'ai dû, en conséquence, traiter de cette reddition avec M. le général de Trescow, commandant en chef de l'armée assiégeante.

« Si les malheurs du pays n'ont pas permis que la résistance vigoureuse offerte par la garde nationale et la généralité de la population reçût la récompense qu'elle méritait, nous avons pu du moins avoir la satisfaction de conserver à la France une garnison qui va rallier, avec armes et bagages et libre de tout engagement, le poste français le plus voisin.

« Connaissant l'esprit qui anime les habitants de la ville, au milieu desquels je demeure depuis plusieurs années, je comprends mieux que personne l'amertume de la situation qui leur est faite. Cette situation est d'autant plus pénible, qu'on prétend nous faire craindre qu'au mépris des principes et des idées modernes le traité de paix que nous allons subir ne consacre une fois de plus le droit de la force et n'impose à l'Alsace tout entière la domination étrangère; mais je reste convaincu que la population de Belfort conservera toujours les sentiments français et républicains qu'elle vient de manifester avec tant d'énergie. En consultant, du reste, l'histoire même du siècle présent, elle y puisera la légitime confiance que *la force ne saurait longtemps prévaloir contre le droit.*

« *Vive la France !*

« *Vive la République !*

« Belfort, le 16 février 1871.

« Le Colonel-commandant,

« Denfert-Rochereau. »

24 février.

Les Hautes-Perches et les Basses-Perches, deux forts qui avaient été construits sur une colline allongée au sud, en avant du château, avaient été enlevées d'assaut. Malgré une grêle de projectiles, les assiégeants s'étaient maintenus sur le plateau qu'ils venaient de conquérir, et se trouvaient ainsi à peu près assurés du succès final, dont, à plus d'une reprise sans doute, ils avaient désespéré jusque-là. La besogne qui leur restait à accomplir n'en était pas moins des plus rudes, lorsque survint la capitulation.

La garnison de Belfort traverse en ce moment notre pays pour gagner Lyon; elle est escortée par des troupes prussiennes, qui se chargent de la nourrir au moyen de réquisitions, dont elles conservent sans doute une large part.

On dit que dans les régiments ennemis sont organisées des compagnies non combattantes, mais dont le service consiste à piller. Le pillage accompli, on vend le produit aux juifs qui suivent l'armée; ceux-ci le revendent aux populations quand ils le peuvent, pour éviter des transports difficiles.

Malgré l'armistice prolongé et dont sortira la paix ou la guerre, selon toute probabilité la paix, on continue les travaux dans les différents forts autour de Besançon; on construit même de nouvelles fortifications passagères aux Montboucons, et il est à présumer que ces ouvrages deviendront permanents à la paix, surtout si Belfort nous est enlevé. Deux pièces de canon étaient placées depuis longtemps aux Graviers-Blancs, derrière des épaulements, et on songe à en établir d'autres. Cette artillerie doit tirer sur la route de Pin-l'Emagny et sur les Trois-Croix, dans le cas où les hostilités seraient reprises.

26 février.

Les lettres qui, depuis un certain temps, circulaient dans toute la France, sont arrêtées de nouveau depuis hier et ne peuvent plus sortir du département. Les fils télégraphiques sont coupés, et nous nous trouvons sans nouvelles.

Un journal démocratique de Besançon attaquait hier le suffrage universel, et, après avoir fait connaître les moyens employés par ce qu'il appelle « la réaction » pour faire nommer les candidats de son choix, il ajoutait :

« Quels ont été les électeurs assez niais pour se laisser prendre à cette amorce ? Nous plaçons en première ligne les ignorants de toutes classes, ne sachant ni lire ni écrire, et que *tous les partis* peuvent acheter quand ils sont riches... Ces hommes, comme les campagnes en renferment tant, sont la plaie du suffrage universel et font que le principe fondamental de nos institutions, ce principe républicain par excellence, arrivera à être maudit par ceux-là mêmes qui l'ont institué. »

(*Républicain de l'Est*, 21 février 1871.)

28 février.

On apprend aujourd'hui que les préliminaires de paix sont signés, et que, sauf notification ultérieure donnée dans les trois jours à dater du 26, l'armistice est prolongé jusqu'au 12 mars. Malheureusement, cette prorogation ne peut que nuire à nos campagnes de Franche-Comté, qui sont ruinées par les réquisitions, les impositions et le pillage.

Les Prussiens ont pris toutes leurs précautions. Le général Rolland avait signifié que s'il n'y avait pas prolongation de l'armistice, le 26 il attaquerait. La reprise des hostilités ne pouvait évidemment avoir lieu que dans le rayon de la place et nullement s'étendre au loin. Il n'en est pas moins vrai que les Prussiens cantonnés dans la vallée de la Loue ont cru prudent de se concentrer pour mieux résister; ils ont coupé la route de Pontarlier à trente kilomètres de Besançon, et les mêmes précautions ont été prises dans d'autres localités.

Pourquoi faut-il qu'une attaque en force n'ait pas été possible contre l'ennemi? Nous aurions eu très certainement l'avantage.

Mais nous n'avons plus de troupes ni de volonté.

3 mars.

Contre-ordre de Paris de cesser les travaux du fort commencé aux Graviers-Blancs. Six cents hommes étaient commandés pour travailler, quand est arrivée la dépêche qui annonçait la signature de la paix. Quelle paix, quelle ruine, quelles conditions, quelle honte ! Combien le vainqueur sans pitié abuse de son triomphe !

4 mars.

Voilà nos communications qui se rétablissent avec la Suisse par Pontarlier et Morteau, même avec Lyon et le département de l'Ain, par les routes de Champagnole et des Rousses. Le général Rolland en profite pour faire sortir de la place tous les blessés ou malades et se débarrasser de dix mille bouches inutiles. Il fait ainsi cesser l'encombrement effrayant des hôpitaux et des ambulances, où régnaient depuis si longtemps les épidémies de petite vérole noire, le typhus et les fièvres. Des négociations ont été ouvertes entre le général Rolland et le général allemand Keller, chargé des pleins pouvoirs du général commandant en chef de l'armée allemande du Sud, pour régler les conditions d'armistice entre les troupes de cette armée et celles de Besançon.

Aux termes des traités particuliers signés par le général allemand et par le général Rolland, les 16 et 18 février, les Prussiens reconnaissent aux troupes de la place de Besançon la possession des plateaux du Doubs et du Jura, jusqu'à la frontière suisse à l'est et jusqu'au département de l'Ain au sud.

Mais ces conventions particulières, si avantageuses à la place de Besançon et si justes en même temps, se trouvent mises à néant par le traité conclu le 15 février entre les plénipotentiaires français et allemands, qui, sans tenir compte de la situation de la ville, se bornent à accorder à la place de Besançon une zone de vingt kilomètres, dont dix à l'état neutre.

5 mars.

La haine du général Rolland contre les Prussiens nous crée quelques embarras. La circulation des chemins de fer en est retardée, parce que les généraux ennemis, blessés dans leur orgueil de vainqueurs par la raideur des communications et les exigences du commandant en chef de la place, se montrent de leur côté d'une excessive susceptibilité. Mais l'exaltation patriotique du général Rolland a l'approbation de l'immense majorité.

6 mars.

Aujourd'hui commence le licenciement des mobilisés. Il est heureux que leur retour coïncide avec la reprise des travaux de la campagne.

Les otages pris à Baume-les-Dames et à Pontarlier ont été mis en liberté à l'arrivée de la dépêche annonçant les préliminaires de paix.

8 mars.

On assure que la défense de Belfort serait autant le fait du chef de bataillon Chapelot, dont l'activité fut incessante, qui était présent partout et déploya une bravoure et une audace extrêmes, que celui du colonel Denfert.

Il est bon de dire que les conditions particulières locales ont contribué à faciliter le rôle des assiégés.

Il est en effet certain que Belfort, si on le compare à Strasbourg et à d'autres villes de guerre, se trouve, au point de vue de la défense, dans une position exceptionnellement favorable. Le château placé sur le rocher, géant de pierre taillé à pic du côté de la ville et disposé, à l'extérieur, en terrasses maçonnées et superposées, domine toute la plaine; tandis qu'au sud et à l'est, la Justice et la Miotte, puissantes citadelles elles-mêmes, situées sur de hautes croupes, se chargent d'empêcher l'approche des assaillants. A l'ouest, le fort des Barres, relié au château par quelques ouvrages détachés, couvre la ville, défendue en outre par les Hautes et les Basses-Perches, placées en avant du château.

Les villages, situés à une faible distance, sous le canon des forts, se prêtent, de plus, à une guerre de surprise de la part de l'assiégé, et permettent d'empêcher l'assaillant de s'emparer de terrains favorables à l'établissement de ses premières batteries.

Ajoutons à cela que, de la hauteur du Guet de la Miotte, une sentinelle pouvait, à chaque instant, rendre compte à la garnison de tout ce qui se passait ou se préparait dans les lignes ennemies, et que les tranchées devaient être taillées par l'assiégeant le plus souvent dans le roc.

Strasbourg était dans une situation bien inférieure. Dépourvue de véritables casemates, privée d'ouvrages avancés, encombrée d'une nombreuse population civile, avec une garnison insuffisante, avec des remparts contigus aux habitations, elle n'était nullement construite pour résister aux engins modernes.

10 mars.

Le parti démagogique continue ses violences. Le drapeau rouge flotte à Paris sur la colonne de Juillet; les canons sauvés de l'ennemi sont en la possession de gens qui prétendent les conserver comme une menace dans l'avenir.

— 199 —

13 mars.

Le préfet Regnault transmet aux maires une circulaire d'après laquelle toutes réquisitions de l'ennemi devront, à l'avenir, être soldées en argent. Les commandants des troupes allemandes auraient reçu des instructions à cet égard. Mais les Prussiens se conformeront-ils à ces prescriptions? Ne sont-ils pas capables de faire comme pour l'armistice, et de déclarer qu'ils ne connaissent pas cette injonction de payer?

14 mars.

On s'est beaucoup demandé quel était ce M. de Serres, qui aurait été imposé au général Bourbaki lors de ses opérations devant Belfort, dont les plans auraient été suivis, et qui aurait exercé sur le général une sérieuse influence?
Or M. de Serres, que les journaux ont appelé le satellite du soleil Gambetta, le Carnot de la république du 4 septembre, est Polonais d'origine et se nomme Mieczffenski. Il a pris le nom de sa mère, y a ajouté la particule et s'est présenté aux élections à Bayonne pour la députation. Pour parer à l'incom-

patibilité résultant de sa qualité d'étranger, Gambetta lui aurait accordé, de son autorité privée, des lettres de naturalisation ; quant à sa particule, M. de Serres l'aurait prise avec l'assentiment et l'autorisation de Gambetta.

15 mars.

On lit, dans le *Salut public*, une lettre d'un ancien représentant, M. Jobez, dans laquelle se remarquent les passages suivants (elle est adressée au rédacteur en chef) :

« Les montagnes du Jura, au moment de la retraite de l'armée de Bourbaki, étaient couvertes de neige ; il n'y avait de libre que le milieu de la chaussée, et les champs et les bois qui la bordaient étaient transformés en d'inabordables fondrières. Ajoutez à ces obstacles du moment, des défilés où cinq cents hommes pouvaient arrêter des milliers d'ennemis, et vous vous rendrez compte de l'impossibilité où pouvaient être des troupes de poursuivre, dans une pareille contrée, une armée qui atteignait la première ces défilés. L'armée française a, la première, abordé ces défilés ; elle n'en a défendu aucun, elle a laissé ses canons sur toute la route.

« M. Cremer est parti en avant de son infanterie et de son artillerie, marchant avec sa cavalerie tellement vite, que j'ai vu des officiers courir à sa suite sans pouvoir le rejoindre.

« Tous ces faits se sont passés sous les yeux des populations, aussi stupéfaites de cette manière d'agir que les Prussiens de leurs faciles exploits.

« M. Cremer a séjourné à Saint-Laurent, un de nos chefs-lieux de canton ; il a été remplacé par le général prussien Werder. M. Cremer a passé toutes ses journées au café.

« Le général Werder s'est installé, au vu de tout le monde, auprès d'une table sur laquelle il a étendu ses cartes, dictant sans cesse des ordres à son secrétaire, donnant des prescriptions à ses officiers, prêt à écouter les gens du pays et à leur répondre.

« Ce contraste a attristé les Français et les a humiliés, etc...

« Il y a quelques jours, un général qui avait pris part aux derniers combats de l'armée de l'Est disait :

« — *Bourbaki n'aurait pas dû se suicider, mais se montrer plus énergique vis-à-vis de certains chefs de corps de son armée, et il aurait passé pour un grand homme de guerre.* »

16 mars.

Le 9 de ce mois, le général Rébillard, commandant la 2ᵉ division du 15ᵉ corps, dont le quartier général est à Beure, a adressé à ses troupes, pour les remercier d'avoir donné l'exemple du courage et du dévouement, un ordre de jour qui se termine ainsi :

« *Je me rappellerai avec bonheur et orgueil que, pendant cinq mois, j'ai eu l'honneur de marcher avec vous à l'ennemi.*

« *Dans les circonstances douloureuses où se trouve la France, efforcez-vous de maintenir l'ordre à l'intérieur et de sauvegarder la dignité nationale vis-à-vis de l'étranger, qui doit occuper notre territoire en attendant que nous puissions nous venger.* »

17 mars.

Aujourd'hui le général Polignac, établi à Saint-Claude et qui commande la 1ʳᵉ division du 20ᵉ corps, publie, à son tour, une proclamation contenant ces mots :

« *Quand l'obus faisait une trouée dans vos bataillons, ils serraient leurs rangs. Français, serrez vos rangs! Nous avons perdu deux provinces. Restons unis pour devenir plus forts.* »

On lit dans *la République et la Guerre*[1] :

« Besançon n'a pu connaître, pendant la durée de la guerre, les faits de violence, de pillage et d'exaction, qui se commettaient dans le département; mais depuis quelques jours se révèlent de nombreux traits de la rapacité ou de la férocité prussienne, car on ne sait trop lequel de ces deux sentiments l'emporte chez nos ennemis. Ces récits qui nous arrivent oralement, nous les transcrivons sans suite et sans ordre, comme ils nous ont été contés.

« A la suite des combats d'Héricourt, le 16 ou le 17 janvier, le colonel Olgieski, chef des troupes allemandes, en ce moment à Montbéliard, envoie à l'adjoint faisant les fonctions du maire empêché (le maire était détenu à Strasbourg) l'invitation d'avoir à convoquer, à bref délai, le conseil municipal pour une communication importante. Deux heures après, les membres du conseil arrivent au lieu ordinaire de leurs séances. Sur la table des délibérations est étendu, à leur grande surprise, le cadavre d'un énorme landwher ayant les deux oreilles coupées.

---

[1] M. A. Estignard, ancien député.

« Cette exhibition peu agréable avait un but : il s'agissait, comme réparation, de frapper Montbéliard d'une contribution de guerre; on déclare en effet que la ville est responsable de la mort de cet Allemand, et qu'elle payera une amende de trente mille francs.

« Dans la nuit du 15 au 16 janvier, un des adjoints de Montbéliard est conduit à trois cents mètres des troupes françaises; il y a danger pour sa vie, car il peut être considéré comme un ennemi. Là, il est contraint d'étendre du sable sur un chemin couvert de glace, afin que le lendemain, au jour naissant, l'artillerie allemande puisse y monter ses canons.

« En même temps, un autre conseiller municipal est mis en demeure d'avoir à reconstruire un pont coupé par les Allemands eux-mêmes. On lui donne six heures pour exécuter ce travail. Durant toute l'opération, il a près de lui un officier poméranien tenant à la main son revolver, et qui, à de nombreuses reprises, déclare à sa victime qu'il a l'ordre de lui casser la tête, si le pont n'est pas rétabli avant le jour.

« Le plus souvent, ils ont eu la cruauté de faire marcher des Français en tête de leurs troupes, les exposant ainsi les premiers au feu de leurs compatriotes.

« A l'Isle, ils s'emparaient d'un assez grand nombre de citoyens, les poussaient la baïonnette dans le dos, jusqu'au bout du pont établi sur le Doubs, et se faisaient de leurs corps un rempart humain contre les balles de nos mobiles.

« Cinquante-deux maisons ont, dit-on, été incendiées dans le département; vingt-trois dans le seul arrondissement de Besançon, treize à Bonnay, quatre à Pouilley et douze à Abbevillers.

« On ne saurait trop insister sur ces horreurs. Chacun doit donner sa note dans ce concert de malédictions qui s'élève contre cette race barbare; il faut mentionner tout ce qui peut aviver notre haine et nous porter à la revanche.

« La revanche, elle doit être notre but unique; il faut que cette passion envahisse l'âme des pères et qu'ils l'inculquent dans celle de leurs enfants au berceau.

« Le triomphe de nos ennemis peut éveiller les craintes, les jalousies des autres nations; une occasion de reprendre la situation qui nous est due se présentera; puissions-nous la saisir ! Si notre génération ne peut tirer vengeance, qu'elle lègue à ceux qui la suivront le soin de le faire; qu'une haine constante, toujours vivace, nous enseigne à ne rien négliger de ce qui peut nous conduire au but, et un jour la France triomphante, brisant les fers dont on l'a chargée, recouvrera son rang dans le monde ; elle **plantera de nouveau son drapeau sur les rives de ce Rhin**, notre frontière naturelle, qui, seule, peut nous assurer le respect au dehors et la sécurité contre de nouvelles invasions. »

19 mars.

Une nouvelle sinistre parcourt la ville ; on annonce l'assassinat de deux généraux : Lecomte et Clément Thomas.

Clément Thomas était un républicain de vieille date.

Lecomte représentait l'armée, c'est-à-dire l'ordre et l'honneur. Il a été lâchement massacré, comme le fut, il y a vingt-deux ans, le général Bréa.

C'est la guerre civile !

21 mars.

L'Assemblée nationale vient d'adresser une proclamation au peuple français : elle fait appel au patriotisme, au courage de tous ; elle demande qu'en présence des criminelles tentatives qui ruinent, ensanglantent et déshonorent Paris, la France ne se laisse pas surprendre par une minorité factieuse.

« *Que tous les citoyens se serrent étroitement autour de l'Assemblée, l'œuvre, l'image, l'espoir, l'unique salut du pays.* »

Réuni en séance extraordinaire, le conseil municipal a voté ce soir une adresse de remerciement au général Rolland. Il a décidé, en outre, qu'une médaille commémorative serait offerte, au nom de la ville, au vaillant défenseur de Besançon.

22 mars.

Le général Rolland a quitté Besançon. Déjà, il y a quelques jours, les officiers de la garde nationale, à la nouvelle de son départ prochain, sont allés lui faire leurs adieux, et aujourd'hui la garde nationale a cru devoir le reconduire à la gare, musique en tête. Partout, sur son passage, il a été accueilli par les plus chaleureuses acclamations. La population lui a tenu compte de son patriotisme, de son énergie, de son activité pour mettre notre ville à l'abri d'une attaque, et lui permettre, dans les mauvaises conditions où la nature l'a placée, de soutenir un siège de quelque durée.

Le général Rolland a repris son grade de capitaine de vaisseau. C'est un vaillant, un modeste, un homme de cœur et de devoir, un honnête homme que n'a guidé aucune pensée d'ambition. Son souvenir vivra dans cette cité, et son nom restera populaire parmi tous les habitants qu'il a défendus, soutenus et protégés.

ANNEXES

Une lettre du capitaine de cavalerie de B..., que j'avais recueilli à la Préfecture pendant l'investissement de Besançon [1].

Juvisy, 21 avril 1871 (Seine-et-Oise).

Madame,

Me permettez-vous de vous assurer que bien souvent j'ai entouré votre nom du seul gracieux souvenir que j'aie conservé d'une longue et triste campagne ?

Interné en Suisse après avoir quitté Besançon, une de mes premières pensées fut de vous écrire. J'oubliais que Besançon était bloqué, que vous subissiez toutes les nécessités d'un siège, et bien que l'armistice fût enfin reconnu, mes pattes de mouche devaient infailliblement passer par les mains des Prussiens.

Je ne voulus pas les faire passer sous ces fourches caudines, et je déchirai ma lettre.

[1] Il est devenu colonel et est encore de ce monde.

Je la recommence aujourd'hui, et dans cet intervalle que d'événements se sont déjà passés!

Après la guerre contre les Prussiens, la guerre civile était prévue; mais on ne prévoyait pas tant d'acharnement et la force que mettraient à tout renverser ces brigands qui occupent Paris.

Le jour même de mon arrivée au régiment, je recevais une dépêche du ministre me nommant officier d'ordonnance du général de la Jaille, et depuis quinze jours je suis à l'armée de Versailles. C'est une véritable guerre, où de part et d'autre nul merci ne se fait. Guerre atroce, qui ne peut finir que par la ruine d'un parti. L'issue ne peut en être douteuse : tôt ou tard la Commune succombera, mais le succès sera chèrement acheté.

Ces hommes, pour qui la patrie, le devoir étaient choses inconnues, se battent aujourd'hui quand ils ont eu pour mobile le vol, pour espérance la ruine de la France, et ils réussissent.

Nous sommes rivés pour de longues années encore à la chaîne de l'humiliation prussienne.

Paris est aujourd'hui le repaire de tous les brigands cosmopolites, qui ont réuni, soit par force ou par persuasion, pas mal de combattants, et compte, paraît-il, de soixante mille à soixante-dix mille insurgés se battant. C'est énorme quand on pense que ces gens tuent à couvert, retranchés dans des forts derrière une enceinte et des barricades.

Jusqu'à ce jour, le rôle de la cavalerie a été assez insignifiant. Nous gardons la plaine qui s'étend des hauteurs de Villejuif à la Seine, faisant un blocus plus ennuyeux qu'efficace.

Les insurgés s'approvisionnent de tout et en tout, à leur gré et désir, par les lignes prussiennes.

Les Prussiens ont grand avantage à voir se continuer une guerre qui nous ruine. Ils entretiennent donc l'espérance de faire une seconde entrée triomphale dans Paris. Leurs troupes sont toujours à notre charge, et plus il y aura de combats, plus nombreuses seront les chances de voir l'Europe débarrassée de quelques-uns de ces libéraux et progressistes de tout pays qui n'auraient certainement pas manqué, échouant à Paris, de venir introduire les idées sociales en Allemagne.

Peut-être en province trouve-t-on que les événements marchent bien lentement. C'est vrai; mais, il y a dix jours, nous n'avions que quarante mille combattants. C'est peu pour prendre d'assaut une ville comme Paris, défendue par une artillerie formidable, mille bouches à feu, et nous ne possédions que quelques pièces de campagne. Il a fallu tout créer. Hier on a démasqué trois nouvelles batteries, qui vont achever de miner les forts d'Issy et de Vanves.

La grande question sera de savoir si Paris se défendra ou peu ou beaucoup.

Nos troupes se battent bien; on remarque depuis quelque temps un changement immense sous le rapport de la discipline et de l'obéissance. Ce ne sont plus nos malheureux moblots de l'Est.

J'ai été nommé chevalier de la Légion d'honneur, nomination qui est venue me faire prendre en patience mon temps d'internement à Interlaken.

Adieu, Madame, veuillez être, auprès de M. Febvay et de madame votre mère, l'interprète de mes respects et agréer l'hommage de mes sentiments les plus respectueux.

J. DE B.

Lettre du général Rolland, répondant à celle par laquelle je le consultais sur l'opportunité qu'il pouvait y avoir à publier si tardivement ces notes et souvenirs de l'année terrible.

Marseille, 28 juillet 1907.

Chère Madame,

La lettre que vous avez bien voulu adresser au capitaine de vaisseau Rolland lui est parvenue boulevard National, 20, où il réside actuellement.

Rien ne pouvait m'être plus agréable que de recevoir une lettre d'une personne ayant habité Besançon pendant la terrible année, y ayant par conséquent vécu et ayant été témoin de tout ce qui s'est passé, ayant assisté à tous mes efforts pour permettre à cette ville de résister à un envahisseur sans pitié.

J'ai donné à la ville et à ses habitants tout ce que je possédais, et j'en récolte les fruits depuis, en voyant que mon travail n'a pas été inutile.

J'en apprécie d'autant plus la valeur quand les éloges me viennent de témoins comme vous, Madame, qui par votre position saviez tout et étiez renseignée sur tout. Je puis dire que vous et moi avons travaillé ensemble. Merci donc de votre lettre trop flatteuse cependant, et veuillez me pardonner d'être resté huit jours sans y répondre. J'ai quatre-vingt-sept ans, mon âge et mes infirmités font que je dicte ce que je dois écrire. Je suis seul! Mme Rolland est morte il y a six ans; mes neveux sont disséminés un peu partout, et je reste seul sur la terre. Il faut bien de la patience et de la résignation. Je ne puis dicter qu'à très petites journées, et je puis à peine me faire comprendre. Je ne puis me mouvoir qu'avec l'aide de deux personnes, et j'ai subi dernièrement une opération aux yeux, je souffre encore beaucoup; mais j'ai tenu à vous répondre pour vous dire et vous assurer que je mets à votre disposition, et cela de tout cœur, les indications et souvenirs qui peuvent vous être utiles.

Vous avez entrepris une œuvre grande et belle, noble et patriotique, en voulant retracer la conduite des Bisontins pendant cette année terrible. Ils sont dignes d'être donnés en exemple à toute la France. Ils ont supporté avec dévouement et sans plainte les exigences d'une défense qui devait être mise à la hauteur de l'attaque, et à laquelle je me suis dévoué de toute mon âme.

L'œuvre que vous accomplissez est hérissée de difficultés que vous devez sentir, ayant été pendant six ans habitante de cette ville dans des conditions spéciales.

Mes souvenirs et mes regards sont toujours fixés sur Besançon et sur l'année terrible.

Je vous assure que votre lettre, en me rappelant le passé si douloureux, m'a pourtant causé du bonheur, et je vous remercie de ne m'avoir pas oublié.

Je suis heureux de penser que dans cette année terrible j'ai été associé au courage et à l'ardent patriotisme que vous avez montré. Recevez-en mes hommages, chère Madame, avec l'expression respectueuse de mon souvenir ému et de ma gratitude.

ROLLAND.

6 décembre 1907.

Après plus de trente-sept années écoulées depuis les heures terribles, voici que les Franc-Comtois, reconnaissants, rendent enfin un hommage tardif à celui qui fut le véritable défenseur de la ville et qui sut la préserver du bombardement.

En effet, voici ce qu'on lit dans le *Petit Comtois* du 30 novembre 1907 :

Besançon.

Le portrait du général Rolland.

« Hier soir, au palais Granvelle, a eu lieu la remise solennelle au conseil municipal du portrait du général Rolland.

« Une assistance nombreuse et choisie se trouvait réunie à cette occasion dans la grande salle du palais. Nous avons noté la présence de MM. Grosjean, maire de Besançon ; Millot-Pierrecy et Perreau, adjoints ; une délégation du conseil municipal ; MM. les généraux Servières, Perrot et Lecomte ; le capitaine Jeanneney, auteur d'un travail sur l'histoire militaire de Besançon en 1870, etc... M. le général Robert, commandant du 7e corps d'armée, était représenté par un de ses officiers d'ordonnance.

« La cérémonie commença à huit heures et demie.

« Le beau portrait du général Rolland, dont nous avons déjà eu l'occasion de parler et qui est dû à M. Tirode, occupe le fond de la salle, à gauche d'une estrade sur laquelle prend place M. Charles Sandoz, président de la 341e section des vétérans, qui fait la conférence suivante sur le général Rolland.

. . . .

« Le conférencier, après avoir, en sa qualité de président

du comité de souscription, salué les autorités qui ont bien voulu assurer à cette cérémonie la solennité qui en rehausse l'éclat, entre dans le vif de son sujet.

« Il raconte qu'en 1886, lors de l'inauguration du monument du Champ-Bruley, le général Wolff déposa sur la stèle funéraire une couronne au nom du général Rolland, qui n'avait pas été invité à la cérémonie pour une bonne raison : c'est que, quelque temps auparavant, le *Figaro* avait annoncé son décès, sans qu'aucun démenti y fût donné. Le général vivait. Il entra alors dans la pensée de l'ancien officier de faire rendre un hommage au vaillant défenseur de Besançon. Le moment n'était pas propice, la population avait gardé le souvenir d'une maladresse politique d'un comité réactionnaire qui, au 16 mai, ayant démontré au général tout l'avantage de sa candidature à la députation, comme moyen de conciliation, lui fit remporter un lamentable échec.

« Malgré cet échec, le vieux marin sans rancune gardait son cœur et ses souvenirs à Besançon.

« De son côté, la population revenait peu à peu au sentiment exact des choses. M. Sandoz, aidé de l'appui et des conseils du docteur Ledoux et de quelques officiers, ses frères d'armes de 1870, lança alors une souscription qu'un ami du général, M. Chaland de Belval, devait aussi patronner à Marseille, dans le but de donner à la ville le portrait du général pour la salle d'honneur de l'hôtel de ville et perpétuer ainsi son souvenir.

« Le portrait, véritable scène militaire, œuvre magnifique du peintre Tirode, notre jeune compatriote, vaut à son auteur les remerciements et les félicitations du comité.

« Le conférencier a cédé, dit-il, aux sollicitations, en entreprenant de donner à ce portrait la vie, en faisant passer, sous les yeux de son auditoire, un certain nombre de faits qui témoignent du caractère héroïque du valeureux soldat qui commandait la 7e division militaire.

« Qui était Rolland? Un capitaine de vaisseau âgé de cinquante et un ans alors, qu'en raison de l'immobilisation de la flotte, on avait envoyé à Vesoul pour commander la subdivision militaire de la Haute-Saône. C'était le 21 octobre 1870 qu'il arriva à Besançon, où il demeura. Vesoul étant occupée par l'ennemi, on le chargea d'organiser les mobilisés de la Haute-Saône, tout en mettant à contribution ses avis pour l'organisation défensive de Besançon. Son activité, sa valeur, son énergie, ne firent que faire ressortir davantage l'insuffisance du vieux général qui commandait la division, en qui la population n'avait pas confiance.

« Une pétition de la garde nationale, du 27 novembre, demandant le remplacement de ce dernier par le capitaine de vaisseau Rolland, et une même demande de la préfecture aboutirent à la nomination de ce dernier dans les premiers jours de décembre.

« La situation de la place était assez critique. Il n'y avait plus de troupes exercées, qu'un bataillon du 54e provisoire d'infanterie, bataillon qui, quinze jours après, allait rejoindre le gros de son régiment opérant, comme troupes détachées de la 7e division militaire, au sud de l'armée assiégeant Belfort. Un autre bataillon, en outre, celui des mineurs de la Loire, et quelques batteries de gardes mobiles du Doubs constituaient un bon noyau. Le reste, des recrues ou des mobilisés mal armés.

« Dans ces conditions, la garde nationale dut faire le service de la place ; elle s'y employa avec beaucoup d'ardeur, stimulée du reste par Rolland.

« M. Sandoz nous présente les collaborateurs du général : le général Bonamy d'abord, vieux combattant de Crimée, d'Italie, tiré du cadre de réserve, mais plein de volonté et très capable ; puis le chef d'état-major, le colonel de Bigot, tacticien très remarquable, que Rolland, habitué à juger les hommes, eut vite fait d'apprécier.

« Le colonel Benoist, du génie, sapeur arriéré, qui comprenait la défense de Besançon dans les fossés de Battant, d'Arènes et de Saint-Paul, et qui voulait faire couper les arbres de la promenade Micaud et démolir quinze ou vingt maisons qui existaient alors, espacées entre Brégille et la rue de la Cassotte.

« L'ordre du jour d'entrée en fonctions de Rolland est superbe. L'auteur le livre aux méditations de ceux qui demandent le désarmement :

« *Rappelez-vous, dit-il, les maux que nous souffrons. Nos familles égorgées et, par-dessus tout, le sol sacré de la patrie foulé aux pieds par un peuple qui fait la guerre comme aux temps les plus reculés de la barbarie.* »

« A peine en fonctions, Rolland comprend que la défense de Besançon est au loin. Il a déjà, sur le haut Doubs, son 54ᵉ qui, depuis deux mois, tient en respect la 4ᵉ division de réserve et empêche l'ennemi d'envahir le plateau séquanais. Mais, à l'ouest, l'ennemi insolemment fait passer ses colonnes de réquisitions à douze kilomètres de la place, et ses coureurs terrorisent par leurs atrocités les populations.

« Il organise ses corps francs, et, comprenant ce qu'il peut tirer d'un chef de partisans comme Huot, il le conseille et l'encourage. En moins de quinze jours, le brave Huot lui a nettoyé toute la vallée de l'Ognon, et il va pousser plus loin encore ses randonnées, jusqu'au jour où, grièvement blessé, il voit son général à son chevet lui apportant la croix de la Légion d'honneur.

« Le conférencier nous montre l'action morale de Rolland s'étendant au loin; il nous conte une amusante histoire aux avant-postes du haut Doubs, qui, très véridique, est devenue un peu légendaire, et dont le héros, un brave huissier de campagne, ayant une nuit répondu au « Qui vive ? » d'une sentinelle: « Officier ministériel, » mit tout une grand'garde sous les armes, un caporal de garde naïf ayant conclu que seul le général Rolland pouvait avoir une qualité aussi extraordinaire et ayant crié : « Aux armes ! Voici le général Rolland. »

« Rolland cependant a porté ses lignes de défense de la place sur la ligne de la Chapelle-des-Buis (plus tard viendra Montfaucon, à la rentrée dans la place du 54e de marche), à Palente, aux Justices, aux Tilleroies, etc... Mais de l'artillerie, il en faut pour armer ces ouvrages, et il n'y a plus de canons !

« Sur l'avis du général Bonamy, il fait rassembler toutes les vieilles pièces à âme lisse, les fait rayer à Casamène, et il en arme les forts. Il fait fabriquer des munitions pour cette artillerie. Son insistance lui vaut l'emploi de quelques pièces de marine, les seules se chargeant alors par la culasse que reçut la place.

« L'armée de l'Est est en formation pour débloquer Belfort. Rolland reçoit l'ordre de donner à cette armée ses derniers canons de campagne (deux batteries de mobiles de montagne) et ses derniers bataillons, sur la promesse qu'on va lui renforcer son corps du haut Doubs. Vaine promesse ! L'attaque principale, tout indiquée en se servant des positions si victorieusement gardées par le 54e, se fait par Héricourt. On n'envoie à droite que le corps franc de Bourras, car il ne faut pas parler d'une sorte de mascarade portant le nom de « Vengeurs de la mort » envoyés de Lyon, et dont Rolland, à leur passage à Besançon, avait eu la plus fâcheuse impression, à juste titre. A peine en ligne, ils s'étaient sauvés en grande partie en Suisse avec leur commandant, un étranger russe ou polonais, Malicki.

« Survient la retraite de Bourbaki : quinze mille blessés ou malades arrivent dans la ville. Rolland, émotionné par tant de misères, s'emporte contre les dames qu'il trouve aux ambulances et veut les faire mettre dehors. Il apprend que ce sont des ambulancières volontaires ; alors il leur envoie deux mille francs, pour les aider dans leur tâche humanitaire.

« Au milieu de la tourmente, qu'est devenu son régiment du haut Doubs? Toute l'armée est en retraite, mais celui-là tient toujours. Son général a télégraphié, le 18 janvier :

« — Général à colonel de Vezet, 54e provisoire. — Tenez bien vos positions; gardez-les à tout prix. Inspirez inquiétude à l'ennemi. Attaquez incessamment en tirailleurs, pour immobiliser face à vos positions le plus grand nombre d'ennemis, et en avant, si les événements vous le permettent ! »

« La retraite de Bourbaki se poursuit. A l'ouest et au sud, les troupes de Manteuffel s'avancent pour couper la retraite. A Marnay, à Cussey, Rolland envoie le peu de monde dont il dispose pour arrêter le mouvement de l'ennemi. A Cussey, son brave bataillon des mineurs de la Loire oblige l'ennemi à renoncer à passer de vive force.

« Une tentative de concentration de l'armée sur le plateau séquanais n'a pas réussi. Bourbaki se tire une balle dans la tête, et la retraite se poursuit, mais sur Pontarlier cette fois. Rolland rappelle à lui alors seulement son 54ᵉ, car il va falloir défendre la place.

« Ici le conférencier est dans son élément; il ouvre son journal de marche, où il a inscrit presque jour par jour ses impressions. Il nous montre son régiment brassant la neige et enserré entre les poursuivants de flanc et de l'arrière, réussissant à passer et faisant une entrée superbe à Besançon, qu'il traverse pour aller cantonner aux Chaprais. Le général est là, qui les regarde marcher. A peine reposés, il les envoie à Montfaucon. « *C'est le poste d'honneur*, leur dit-il, *c'est à vous que je le confie.* »

« Et sur ce roc, en douze jours, s'élève une redoute que, protégés par leurs grand'gardes qui vont jusqu'à Bouclans, les soldats du 54ᵉ et une compagnie de mineurs de la Loire ont construite et armée.

« Là, nous voyons Rolland plus intimement, inspectant ses avant-postes; l'auteur, qui en commande une section, a sans cesse sa visite. Dur à lui-même, le général l'est aux autres. Il y a encore 16 degrés de froid. Ni pèlerine aux officiers, ni tour de cou aux soldats. Mais quand il découvre que le cache-nez entoure le cou des hommes de la compagnie qui tous ont les oreillons et malgré cela montent la garde, son cœur s'émeut, et, rentré à Besançon, il envoie aux soldats, qui couchent sur l'aire glacée des granges, des peaux de mouton.

« L'officier de service qui commande les travailleurs, certain jour, a gardé sa pèlerine. Durement Rolland lui enjoint de l'enlever. L'autre lui découvre sa poitrine, lui montre silencieusement sa croix, sa médaille militaire et sa tête toute blanche de vieillard. Le général a compris ; la pèlerine est restée sur les épaules du vieux brave, qui, malgré les ans, est sorti de sa retraite pour défendre son pays, et, sans mot dire, Rolland a tourné bride.

« Avec le journal de marche de M. Sandoz, nous vivons cette vie active et aventureuse des avant-postes ; l'arrivée de nombreux parlementaires et leur escorte ; la frime des espions qui, sous le prétexte de rapporter des fusils et sous le couvert du drapeau blanc, cherchent à reconnaître les positions. Nous y voyons les trottoirs du tunnel du Trou-au-Loup, servant de lit de camp à la seconde des compagnies de la grand'garde. Puis, l'état sanitaire s'aggrave. Pas de viande fraîche, plus de pain, et le biscuit distribué est moisi, le lard d'Amérique exhale une odeur empestée. La dysenterie, la fièvre typhoïde.

« Le soleil revient, la température s'élève et améliore l'état sanitaire. Mais une nouvelle arrive aux avant-postes : la signature des préliminaires de la paix et ses dures conditions.

« Rolland a passé en revue une dernière fois la garde nationale, car sa tâche est finie. Il tombe de cheval, se luxe l'épaule. A peine rétabli, il cède l'hôtel de la division à son successeur, le général Rébillard, et va se loger à l'hôtel du Nord. C'est là que, le 22 mars au soir, à la suite d'une délibération enthousiaste du conseil municipal, pour les mérites et les services de son général Rolland, la population tout entière va l'acclamer, car il part le lendemain.

« Rolland paraît au balcon de l'hôtel. D'une voix forte, qui porte au loin, il remercie le conseil municipal et la population de l'appui moral qu'ils lui ont donné. Il remercie ses soldats et la garde nationale. Il assure les manifestants de son inaltérable attachement à Besançon, ajoutant en terminant :

« — *Je suis Marseillais de naissance, mais de cœur je suis Bisontin.* »

« En quittant l'hôtel de la division, il avait donné à son successeur une mission : celle de remercier particulièrement son 54e de marche et le bataillon des mineurs de la Loire, mission dont le général s'acquitta en recevant quelques jours après les officiers de ces deux corps.

« Marseillais de naissance, » le général termine ses jours dans sa ville natale [1].

« Bisontin de cœur, » dans son cerveau affaibli par l'âge il n'y a plus qu'un souvenir : Besançon et son fort de Montfaucon, dont il parle sans cesse.

« — *Souvenez-vous*, avait dit Rolland dans sa proclamation à ses soldats, *de vos familles égorgées, du sol sacré de la patrie foulé aux pieds par un ennemi barbare.*

« *Disons aussi :*

[1] Le général Rolland est décédé le 31 mai 1908.

« — *Souvenons-nous!* » à ceux qui se bercent des illusions dangereuses d'une France donnant au monde l'exemple du désarmement.

« Ah ! souvenons-nous de nos villages bombardés et incendiés tout autour de nous, de nos inoffensifs paysans fusillés, de ces interminables convois de blessés et de mourants, de ces souffrances de nos soldats.

« Souvenons-nous surtout de ces imprévoyances criminelles qui nous valurent nos défaites. Pensons à ce que nous coûtèrent ces défaites, deux provinces perdues, et songeons bien que ce que nous vaudrait une guerre malheureuse serait la Franche-Comté province allemande, et nos descendants coiffés du casque à pointe.

« Les plus grands humanitaires sont ceux qui veulent développer l'amour du Français pour son foyer et sa patrie; les plus grands pacifistes ceux qui veulent notre armée forte, vaillante et disciplinée.

« Souvenons-nous ! »

M. Grosjean, maire de Besançon, prend ensuite la parole et au nom de la municipalité remercie, en termes éloquents, le comité qui a pris l'initiative d'offrir à la ville ce portrait, qui sera placé en face de celui du général Marulaz.

Comme complément à la conférence de M. Sandoz, le *Petit Comtois* du 12 décembre 1907 a fait insérer l'article suivant :

Le général Rolland à Besançon.

Les récents incidents qui ont remis en lumière la personnalité de ce capitaine de vaisseau qu'on nomme le général Rolland, m'ont suggéré le désir de me reporter aux conférences faites par le capitaine Jeanneney, du 60ᵉ de ligne, sur *l'histoire militaire de Besançon*.

J'ai pu, non sans peine d'ailleurs, me procurer un exemplaire de ces conférences, qui ont été autographiées, et je m'en applaudis.

Je savais que M. Jeanneney avait consacré la dernière de ses conférences à la défense de Besançon en 1870-1871. Je n'ignorais pas que ce travail avait, pour la seconde fois, valu à son auteur une lettre de félicitations du ministère de la guerre, en septembre dernier. Et, bien que peu versé personnellement dans les choses militaires, j'ai trouvé grand intérêt à relire dans ces conférences le récit détaillé, et avec documents à l'appui, d'événements qui n'avaient laissé dans ma mémoire que des souvenirs très vagues.

On sait que ces conférences étaient faites devant un corps d'officiers dans un intérêt technique, et je fus tout d'abord très surpris de la liberté de langage qui était laissée à l'orateur.

Le capitaine Jeanneney s'exprime en effet avec la plus

grande franchise sur le compte du général Bourbaki, le commandant en chef de cette armée de l'Est dont les opérations entravèrent, on peut bien le dire, la défense de Besançon, et par conséquent l'action du capitaine de vaisseau Rolland, nommé général au titre auxiliaire en 1870-1871.

Les critiques de notre compatriote (M. Jeanneney est originaire de Rioz, et il est le frère du député de Vesoul) ne s'adressent pas au courage personnel de Bourbaki, courage que nul ne conteste d'ailleurs, mais à ses capacités comme commandant en chef.

Tout en tenant compte de la différence énorme des responsabilités, le conférencier oppose le général Bourbaki au général Rolland. Il nous montre le premier investi d'une mission au-dessus de ses forces, parce qu'il a fait son éducation militaire à l'école des généraux d'Afrique, ce qui n'était point une préparation suffisante pour la grande guerre, la guerre scientifique des temps modernes. Indécision, mobilité d'esprit, défaut d'initiative, tels sont les principaux griefs adressés par l'orateur à Bourbaki.

Peut-être le conférencier aurait-il pu ajouter que Bourbaki, qui était une des notoriétés militaires de l'Empire, s'effondrait avec le régime, ce qui ne le prédisposait pas à avoir une très grande confiance en lui-même, et surtout dans les troupes improvisées qu'il était appelé à commander par le malheur des temps.

Mais M. Jeanneney ne fait pas de politique dans son exposé scientifique, et on ne peut que l'en féliciter, parce que cette réserve donne plus d'autorité à son récit.

Le conférencier montre que dans une sphère d'action moindre, bien entendu, le capitaine de vaisseau Rolland, improvisé général, sut déployer précisément les qualités qui manquaient à Bourbaki. Il ne nous cache pas le critérium autour duquel va évoluer toute sa conférence :

« Il convient, dit-il, de constater que cette fermeté de caractère, reconnue aujourd'hui indispensable à tout chef, n'a pas été la caractéristique de notre commandement militaire à la fin du siècle dernier. Je souhaite, pour ma part, qu'à l'avenir et dans l'intérêt de la défense nationale, on donne moins de place à la *souplesse* et davantage au *caractère*. »

On développera ainsi l'individualisme, la personnalité de chacun d'entre nous, au plus grand profit de l'initiative et du mouvement. On ne saurait mieux dire, à mon avis, et j'ajoute qu'il serait grandement désirable que ces conseils-là fussent médités encore aujourd'hui, non pas seulement dans l'armée, mais dans toutes les branches de notre activité sociale.

Ces préceptes, Rolland savait les mettre en pratique ; et, bien qu'il fût assez médiocrement disposé pour les francs-tireurs qui fourmillaient à l'époque dans la région, et pas toujours à propos, on le voit rendre une justice éclatante au célèbre capitaine Huot, qui se signale comme chef d'une compagnie d'irréguliers, et auquel il contribue à faire obtenir l'étoile de la Légion d'honneur.

Je regrette que la place dont je dispose ici ne me permette pas de remettre plus en relief cette sympathique figure du capitaine Huot, que tous les Bisontins connurent et qui vient de s'éteindre à Vesoul, si j'ai bonne mémoire, dans une modeste recette buraliste.

Ce que je veux montrer, après le capitaine Jeanneney, c'est le général Rolland, après avoir obéi aux ordres de la Défense nationale qui lui prescrivaient de verser la plus grande partie des troupes qu'il avait si péniblement formées pour la défense de Besançon, se plaignant à qui de droit de la situation que lui créait cette contribution à l'armée de l'Est.

Il ne faut pas oublier, en effet, que l'armée de Bourbaki, après ses échecs sur la Lizaine, au nord de Montbéliard, se repliait sur Besançon, et que les Allemands manœuvraient pour lui couper la retraite vers le sud de la France.

« *Vous me placez,* disait-il au Gouvernement provisoire, *dans une situation épouvantable. Besançon est défendu aujourd'hui par cinq bataillons qui n'ont pas de cartouches. Je suis menacé par la gauche, Marnay, Pin et Pesmes; et si l'attaque est sérieuse, le chemin de fer de Besançon à Dôle et de Dôle à Monchard peut être coupé. J'ai mis à Marnay et à Pin deux bataillons des mobiles* de la Haute-Saône. Ils sont insuffisants, si ce n'est pas une simple démonstration.

« Devant nous, à Voray, à Cussey, je n'ai que trois cents hommes.

« Aujourd'hui, un régiment de lanciers a pris une panique affreuse; soixante hommes des grand'gardes sont partis au grand galop jusqu'à Besançon, semant l'épouvante. Je suis monté à cheval, et j'ai brûlé la cervelle au premier que j'ai rencontré. J'ai cassé, en face du régiment, un lieutenant qui descendait la grand'garde sur les lieux et qui n'a pas su arrêter les fuyards.

« Demain, cour martiale pour deux. J'ai donné deux bataillons et deux batteries au 2$4^e$ corps.

« J'ai envoyé sur le plateau de Blamont, sur la rive gauche du Doubs, six bataillons et neuf pièces de montagne pour garder cette position. Il ne me reste que les mobilisés, qui ne savent pas tenir un fusil et n'ont pas de cartouches; et parmi eux pas un officier, pas un sous-officier, pas un caporal qui sache ce que c'est qu'une consigne et qui soit capable de la faire respecter.

« Je saurai me faire tuer. Mais cela ne sauvera pas la place qu'il est impossible de défendre dans ces conditions. »

Cette citation suffit à prouver amplement l'énergie farouche que le général Rolland apportait à l'accomplissement de la mission qui lui avait été confiée. Aussi je n'insiste pas.

La place me manquerait d'ailleurs pour montrer que ni les échecs de l'armée de l'Est, ni les fautes de ses chefs, ne purent avoir raison de l'indomptable énergie du marin devenu général.

Il me suffira de dire que la conférence du capitaine Jeanneney nous fait assister aux efforts qu'il fait pour maintenir une défense à Besançon, même en apprenant que les départements du Doubs, du Jura et de la Haute-Saône sont exceptés de l'armistice, parce qu'en somme la paix n'était pas formellement signée.

Ce bel exemple de virilité dans le malheur national justifie les honneurs qui furent décernés à Rolland après la conclusion de la paix par la municipalité de Besançon. Il justifie encore l'hommage que notre conseil municipal rend au vieux guerrier, après trente-sept ans écoulés, en plaçant son portrait dans la galerie de nos hommes illustres.

Il y tiendra sa place aux côtés de Marulaz, le premier défenseur de Besançon en 1814.

Je me permets de penser que la conférence du capitaine Jeanneney est le plus éloquent des commentaires à ces honneurs tardifs.

Rolland a d'ailleurs un autre titre à mes yeux : il fut systématiquement écarté par la commission de revision des grades, et, après la conclusion de la paix, on ne put obtenir pour lui le grade de contre-amiral.

Il dut prendre sa retraite comme capitaine de vaisseau.

A cette heure-là, en effet, les besognes difficiles et

dangereuses étaient terminées, et la passion politique se flattait alors de voir refleurir les régimes sous lesquels la *souplesse* est plus prisée que le *caractère*.

Et maintenant je vais fermer ce livre où j'ai mis tout mon cœur. J'ai évoqué pour mes enfants de chers et douloureux souvenirs, j'ai revécu pour eux les heures sombres mais glorieuses du siège de Besançon.

Honneur aux vaillants défenseurs de la vieille cité, mais honneur aussi à mes sœurs les ambulancières, les plus grandes comme les plus humbles, que j'ai vues et admirées, par le froid horrible, sous la neige, à l'ambulance du quartier Saint-Paul, à l'ambulance de Naizey, s'agenouillant sur la paille ensanglantée, veillant sur le pauvre soldat, versant sur ses plaies le baume de la charité et lui apportant de bons sourires, des gâteries, des vêtements et leur propre linge pour étancher le sang!

Aujourd'hui ces mauvais jours sont passés, mon cœur s'ouvre à l'espérance de jours meilleurs pour la patrie bien-aimée, à l'espérance de l'immanente justice, des revanches nécessaires...

Et, quelque horreur que m'inspire la guerre, je répète cependant avec foi ces vers du poète[1]:

> O Patrie! on a beau raisonner, tu l'emportes.
> Les âmes que tu fais sont encor les plus fortes.
> Et, sitôt que dans l'air a grondé le canon,
> Tout s'efface, excepté la grandeur de ton nom!
> Ah! j'ai longtemps rêvé sur ces pâles visages;
> Ceux qui vont au-devant de la mort sont des sages,
> Et les peuples encor n'ont rien vu de si beau
> Qu'un brin de laurier vert sur un jeune tombeau!

[1] Emile Augier.

TABLE DES MATIÈRES

Avant-propos 5
Préface 7

CHAPITRE I

Besançon. — La proclamation de la République. — Aspect de la ville. — Ce qui se passait à la préfecture. — Gambetta. — Garibaldi. — Armée des Vosges. — Combat de Burgonce. 13

CHAPITRE II

Arrivée de Gambetta à la préfecture ; son court séjour à Besançon. — Préparatifs du siège. — Approche de l'armée allemande. — Combat de Châtillon-le-Duc, de Cussey-sur-l'Ognon. — Arrivée des premiers convois de blessés. — L'ennemi s'éloigne. — Otages. — La reddition de Metz. 33

CHAPITRE III

Intérieur de l'ambulance installée hôtel de Naisey. — Les ligues. — Les Prussiens fusillent l'instituteur de Cussey. — Proclamation de Jules Favre. — Arrivée du général Crouzat succédant au général Michel, rappelé à Tours. — Serons-nous bombardés ? — Lettres naïves du zouave Clément Lagrue, exprimant ses sentiments de reconnaissance. 47

CHAPITRE IV

Sortie sous Belfort vers Bessoncourt. — Arrivée du capitaine de vaisseau Poisson, commandant de la citadelle. — Arrivée du capitaine de vaisseau Rolland, auquel on a donné le rang de général de brigade pour commander la place et organiser la défense. — Attaques de la presse contre le général Cambriels; sa défense. — L'armée de Paris et l'armée de la Loire. — Les Prussiens arrêtent à Vesoul de notables habitants.................... 63

CHAPITRE V

Le capitaine de vaisseau Rolland nommé général de division au titre auxiliaire. — Son ordre du jour. — Vote du conseil général et la suite qui y fut donnée. — Lettre de M. Guizot aux membres du Gouvernement. — Le Gouvernement se transporte à Bordeaux. — Arrivée des « Vengeurs de la mort ». — Ce qu'on dit de la composition et de la formation de ce corps. — Dissolution des conseils généraux. — Mortalité considérable dans les ambulances. — Arrivée du 24ᵉ corps, général Bressoles............. 75

CHAPITRE VI

Premiers jours de l'année aux ambulances. — Le général Bourbaki nommé commandant en chef du 18ᵉ corps. — Le zèle et l'activité du général Rolland; son admirable énergie. — Disparition du corps des Vengeurs de la mort. — Bataille de Villersexel................... 95

CHAPITRE VII

La retraite de Bourbaki sur Besançon. — Quinze mille malades et blessés. — Pénurie des secours. — Horrible misère. — Mortalité effrayante. — Élan généreux de la population. — Une lettre du commandant de l'artillerie du 16ᵉ corps.. 107

CHAPITRE VIII

Silence inquiétant du quartier général. — Bruits alarmants. — Retraite de l'armée de Bourbaki; ses dépêches au Gouvernement, — L'armée se dirige sur la Suisse. — L'ennemi cherche à investir Besançon. — Le cercle se resserre. — Les portes de la ville sont fermées. — Tentative de suicide du général Bourbaki. — Son départ pour la Suisse sous le nom de M. Adam. — Fac-similé de son passeport. . . 121

CHAPITRE IX

Ce que laisse à Besançon l'armée de l'Est. — Lutte courageuse des habitants et leur dévouement. — Quelques réflexions rétrospectives. — Gambetta dissout toutes les ligues. . . 145

CHAPITRE X

Inaction coupable de Garibaldi. — Le roi Guillaume est proclamé empereur d'Allemagne au château de Versailles. — L'armistice. — Le Doubs, le Jura, la Haute-Saône sont exceptés. — Les décès augmentent de plus en plus. — Le siège de Belfort continue. — Capitulation de Paris. . . . 153

CHAPITRE XI

Exécution de l'armistice à Paris. — Prise de possession des forts. — Convocation d'une Assemblée nationale. — Circulaire de Gambetta. — Désaccord entre le préfet Ordinaire et le général Rolland. — Le préfet donne sa démission. — Le préfet reprend sa démission. — Le préfet est officiellement remplacé. — Notre armée jetée en Suisse. — Toujours les blessés et les morts. — Encore des explications sur les causes des revers de Bourbaki. 167

CHAPITRE XII

Proclamation du général Clinchant aux troupes de l'armée de l'Est. — Derniers combats : Pontarlier. — Le fort de Joux.

— La Cluse et le fort Larmont héroïquement défendus. — Derniers efforts de l'arrière-garde. — Gambetta veut continuer la guerre. 183

CHAPITRE XIII

Capitulation de Belfort. — Préliminaires de paix. — Signature de la paix. — Les communications se rétablissent peu à peu. — Négociations entre le général Rolland et le général allemand Keller. — Ce qu'était ce M. de Serres imposé par Gambetta au général Bourbaki pendant la campagne de l'Est et notamment lors des opérations devant Belfort. — Assassinat des généraux Lecomte et Clément-Thomas. — Proclamation de l'Assemblée nationale au peuple français. — Départ du général Rolland. 189

ANNEXES. 209

35475. — TOURS, IMPR. MAME

LIBRAIRIE MARITIME ET COLONIALE
Augustin CHALLAMEL, Éditeur
17, RUE JACOB, PARIS

Les Leçons de la guerre Russo-Japonaise. — La Lutte pour l'Empire de la mer. — *Exposé et Tactique*, par René DAVELUY, capitaine de frégate. — 1 volume in-8° avec figures et cartes hors texte, 2ᵉ édition 1906. . . . . 5 »

La Guerre navale moderne, *de Lissa à Tsoushima*, par Michel MERYS (C. Blanchon), lieutenant de vaisseau en retraite. Préface de M. le vice-amiral Humann. — 1 volume in-16, 1908 . . . . . . 3 »

Trois mois avec Kuroki, notes d'un correspondant de guerre français à la 1ʳᵉ armée japonaise, par Ch. VICTOR-THOMAS. — 1 volume in-16 avec photographies et cartes, 2ᵉ édition 1906. . . . 3 50

La Défense de la Légation de France, par E. DARCY, lieutenant de vaisseau commandant le détachement français *Pékin, 29 mai-15 août 1900*. — In-18, 3ᵉ édition 1902 . . . . 3 50

LA GUERRE SUR MER. *Stratégie et Tactique*, par Gabriel DARRIEUS, capitaine de vaisseau, professeur de stratégie et de tactique navale à l'École supérieure de guerre de la marine. — **La Doctrine.** 1 volume in-8° avec fig. et cartes, 1907 . . . . 6 »

CARNET DE NOTES du commandant SÉMENOFF
de l'état-major de l'amiral Rojestvensky
présenté par le Commandant DE BALINCOURT

L'Expiation (1ʳᵉ partie) : **L'Escadre de Port-Arthur.** — 5ᵉ édition. 1 volume. 3 50
L'Expiation (2ᵉ partie) : **Sur le chemin du Sacrifice.** — 5ᵉ édition. 1 volume. 3 50
L'Agonie d'un Cuirassé (LE SOUVAROFF). — 6ᵉ édition. 1 volume. 2 50
Le Prix du Sang (APRÈS TSOUSHIMA). — 4ᵉ édition. 1 volume. . . 3 50

OUVRAGES SUR LA MARINE

Constructions navales. — Machines à vapeur. — Électricité.
Navigation. — Astronomie.

Le catalogue est adressé franco sur demande.

35475. — Tours, impr. Mame.

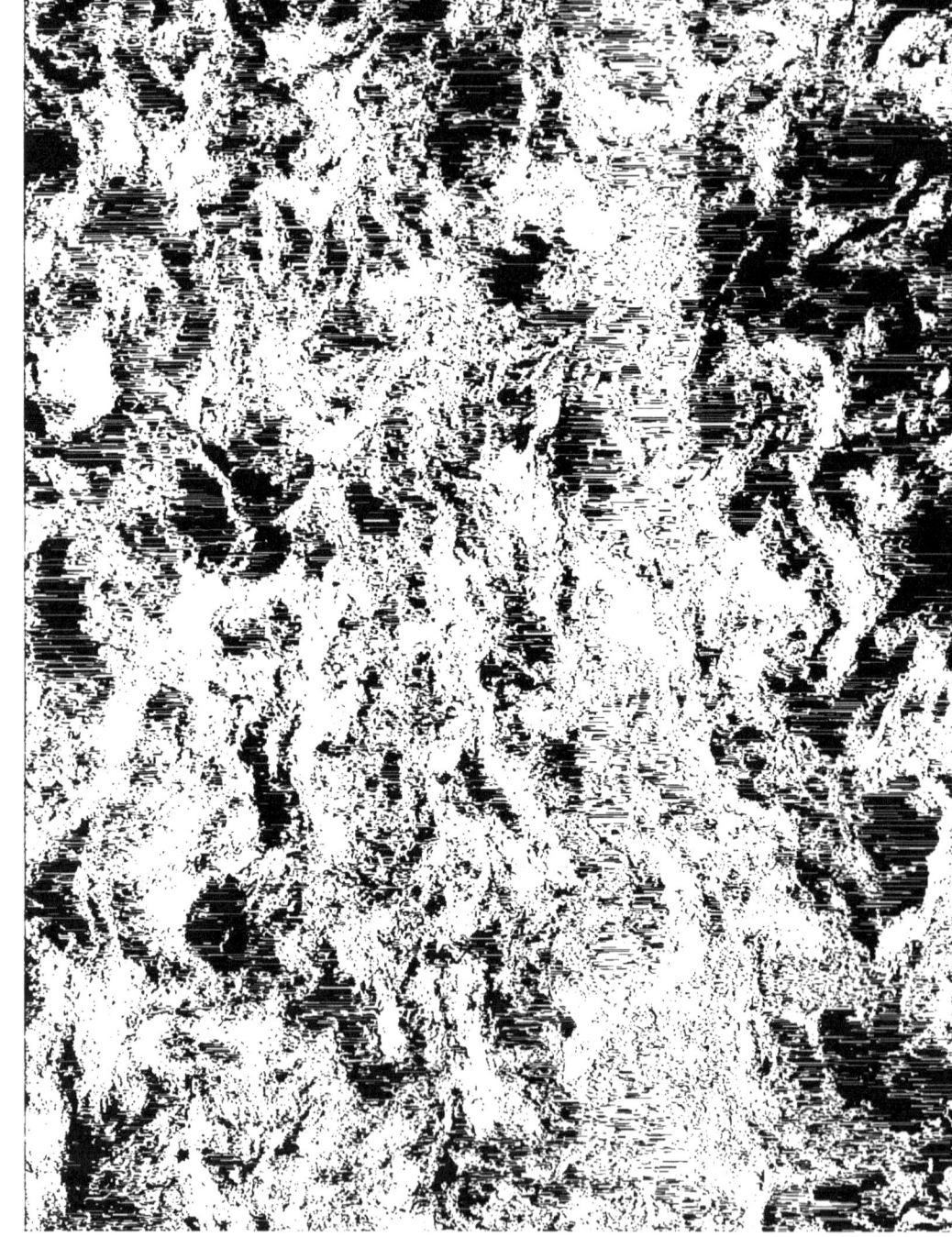